人工知能はどのようにして「名人」を超えたのか？

山本一成

最強の将棋AIポナンザの開発者が教える機械学習・深層学習・強化学習の本質

ダイヤモンド社

はじめに

未来から振り返れば、2008年頃からの10年間は、人工知能（Artificial Intelligence; AI）の歴史において最も重要な時期だったと言われることになるかもしれません。

深層学習（ディープラーニング）という技術が大幅に発達し、それまでコンピュータには解決不可能だった問題が、計算可能な問題として処理できるようになりました。その結果、自動翻訳や自動運転といった、かつては夢物語でしかなかったような技術が着実に現実味を帯びてきています。

またこの10年は、囲碁や将棋といった「知性の象徴」とも言えるゲームで、コンピュータが人間のトップクラスのプレイヤーに勝てるようになった時期でもあります。

囲碁ではグーグルが開発した「アルファ碁」であり、将棋では私が開発した「ポナンザ」がその代表です。

アルファ碁は、2016年に囲碁の世界トップレベルの棋士に圧勝し、一躍有名になりました。

またポナンザは、将棋電王戦トーナメント、世界コンピュータ将棋選手権といったコンピュータ同士が対戦する主要な将棋大会で4連覇を果たし、将棋のプロ棋士を相手に「電王戦」という舞台で5戦全勝するなど、2017年2月現在において「最強の将棋プログラム」といえる存在です。ついに4月には、プロ棋士の頂点、佐藤天彦《あまひこ》名人に挑戦することも確定しています。

私が開発しているポナンザが、グーグルのアルファ碁と同じ性能や性質を持っているわけではありません。しかし、将棋や囲碁というゲームにおいて、人間よりもさらに深い所まで到達しつつある人工知能である、という点では同じです。

アルファ碁は（知られている限り）誕生からわずか数年で、現在の強さになりました。ポナンザの誕生は10年前ですが、急速に強くなったのはやはりこの数年のことです。

なぜ近年に、そのような急速な進歩が起きたのか？　本書の目的の1つは、その答えを読者の皆さんにお伝えすることにあります。

そして同時にお伝えしたいのが、「知能とはなにか」という問題への、私の（今のところの）考えです。

ポナンザを成長させてきたこの10年は、私にとって大変な驚きと喜びに満ちたものでした。その経験のなかで、私は「知能とは？」「知性とは？」という問題を幾度となく自分に問いかけることになったのです。

私たちは日々、さまざまな問題を自分自身の知能で解決しています。しかし、自分の知能そのものについて考える機会はどれだけあるでしょうか？

人間は、どうして将棋や囲碁で強くなれるのか？
そもそも人間は、どのように意思決定をしているのか？
そしてどうして、あなたは今この文章の文意を理解することができるのか？

言われてみれば不思議なことばかりなのですが、私たちはそれをふだん意識することはありません。

人工知能について日々考えたことで、逆に人間の知能というものがクリアに見えてきました。そして、その思考の結果を皆さんとシェアすることが、おそらく人工知能を最も本質的に理解していただける方法ではないかと思ったのです。

といっても、決して難しい話にはなりませんのでご安心ください。将棋や囲碁の例を軸にしながら、人工知能において最も重要な3つの技術、「機械学習」「深層学習」「強化学習」の本質を、できる限りわかりやすく解説します。ポナンザを作りながら、私自身が直感的に腹落ちしたことをお話ししますので、この本でしか読めない内容になっているはずです。

それでは、さっそく始めましょう。

2017年2月

山本一成

Contents

人工知能はどのようにして「名人」を超えたのか？

第2章 黒魔術とディープラーニング
——科学からの卒業

第3章 囲碁と強化学習 ——天才からの卒業

第4章 倫理観と人工知能
――人間からの卒業

おわりに

巻末付録

グーグルの人工知能と人間の世紀の一戦にはどんな意味があったのか？

第1章

将棋の機械学習

——プログラマからの卒業

将棋の名人を倒すプログラムは、名人でなければ書けないのか？

10年前、大学2年生のときに図らずも留年してしまった私は、東大の将棋部の部室で時間をつぶすようになりました。

留年ゆえに出なければならない講義も少なく、暇を持て余すようになると、将来のことも考えて、それまでまったく触れたことのなかったプログラミングの本を読むようになりました。すると、いつしか1つの考えに取り憑かれるようになったのです。

将棋の名人を倒すプログラム＝人工知能を作るには、どうすればいいのだろうか？

きっと将棋の名人がプログラミングをしなければならないのだろう。将棋の名人が持てる知識のすべてを書き込むことで、初めて人工知能が名人に勝てるようになるのだろう——と。

当時の私はアマチュア五段。決してプロ棋士ほどではありませんが、全国で数百万人いる将棋ファン、アマチュア棋士のなかでも上位１０００人に入るくらいの段位です。学生の関東大会で準優勝もしていましたから、十分に強いと言ってよいレベルです。

実際、コンピュータ将棋を作っているチームは個人・団体も含めて50ほどあるのですが、私はそのなかの誰よりも将棋が強かった記憶があります。

だから、私がプログラムを書けば、名人には勝てないまでも、誰よりも強い将棋プログラムが作れるに違いないと考えたのです。

大学３年生までの私は理系でありながら、ＰＣの操作すら苦手だったのですが、その思いつきをきっかけに急速に人工知能とプログラミングの研究にのめり込んでいきました。次第に、起きているすべての時間を将棋プログラムに費やすようになったのです。

そして数か月ののち、私が初めて作った将棋プログラム「ポナンザ」が完成します。

いざ、ポナンザを持って将棋部の部室に駆け込みました。

もちろん当時の将棋部の部員たちは、アマチュア五段である私が将棋プログラムを作っていたことを知っていました。それに当時は、最先端のコンピュータ将棋がアマチュアのトップレベルに迫ろうとしていた頃でした。つまり部員たちは、なかなかの強敵出現と予想していたわけです。

ＰＣの画面に私のポナンザが起動します。

将棋部員たちのあいだに緊張が走ります。その結果は……

ボコボコにやられました。ポナンザはとんでもなく弱い将棋プログラムだったのです。

当時のポナンザの弱さは、皆さんの想像を絶すると思います。私も、試しに八枚落ちという、ほぼ最大限の戦力差をつけてポナンザと戦ってみました（図１－１）。

私が勝ってしまいました。

こんなに将棋で勝ちたくなかったのは、この対局が初めてでした。私は、たしかに本物の情熱を傾けてプログラミングをしたのです。あの数か月は、ただ将棋プログラムのためだけに生きた時間でした。その結果が惨敗でした。

図1-1　初めての私とポナンザの対戦

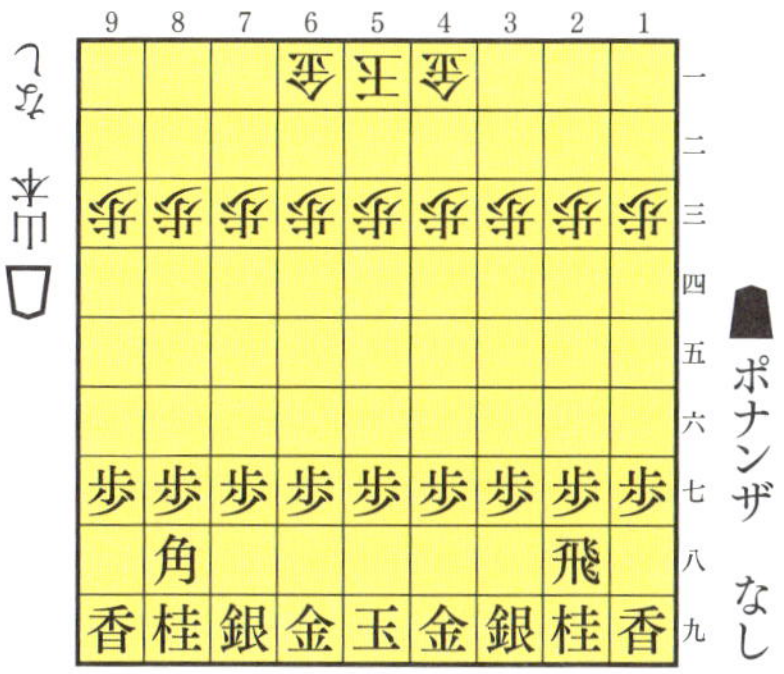

▲ 八枚落ちという非常に少ない戦力で、私（上）がポナンザ（下）と戦う。ちょっと勉強した人ならこれだけ戦力差があれば将棋のプロ棋士にも余裕で勝てます。

当時はプログラミングを始めて実質的にまだ半年足らずだったので、私がプログラマとして稚拙だったことは否めません。しかし本当の問題はそこだけではありませんでした。

将棋が強かった私は、「自分は将棋がわかっている」と思っていました。でも実は、私は将棋のことがある意味全然わかっていなかったのです。さらに、私は知能というものについても、全然理解していなかったのです。どういうことなのでしょうか？

そもそも、コンピュータとは何か？

10年前に私が気づいた問題を深掘りする前に、まず基本知識を確認しましょう。そもそもコンピュータやプログラミングとは、なんなのか？　ということです。

現代社会において、コンピュータはなくてはならないものです。皆さんが持っているスマートフォンから、飛行機の制御装置まで、社会には無数のコンピュータがあります。さまざまな活動を支え、多様な機能を持つように見えるコンピュータなのですが、本質的に言えば、できることは2つだけです。

1つは、「とても簡単な計算」です。足し算、引き算、掛け算、割り算、それと同じようなレベルの計算を、コンピュータは恐ろしい速さで計算することができます。わかりやすく言えば、電卓ですね。しくみはとてもシンプルですが、これだけでできることもたくさんあります。

そしてもう1つは、「覚える」ことです。

コンピュータがたくさんのことを記憶できるのは、皆さんもよくご存知ですよね。膨大な記憶力のおかげで解決したこともたくさんあります。たとえば、電子辞書は英単語などに関するあらゆることを覚えておくだけのものですが、紙の辞書よりも何倍も効率よく調べることができます。

「簡単な計算」と「記憶」。繰り返しますが、コンピュータは基本的に、この2つ以外のことはできません。コンピュータがそれ以外のことができるように見えたとしても、それは「簡単な計算」と「記憶」を使っていろいろな問題を上手に解決できるよう、プログラマと呼ばれる人たちが、コンピュータに指令を与えるプログラムを書くことで解決しているのです。

そうした特徴を持つコンピュータは、将棋というゲームにどう立ち向かえばよいのでしょうか？　記録として残っている、すべてのプロ棋士の対局を覚えれば強くなれるのでしょうか？

残念ながら、答えはＮＯです。10年前のコンピュータの将棋は、今に比べてとても弱いものでした。しかしプロ棋士の対局の経過をすべて覚えることは、10年前のコンピュータにとってもとくに難しいことではありませんでした。でも、どれだけ過去の棋譜を記憶しても、コンピュータは将棋で人間に勝てなかったのです。

いくら過去の場面を覚えたとしても、将棋のような複雑なゲームでは、対局するなかで必ず未知の場面が出てきます。そうなると、いくら記憶力があっても役に立ちません。その場に即した適切な判断ができる知能が必要なのです。

（少し話題を先取りしますが、記憶力さえあれば解決するような課題は、現代において人工知能の課題ではなくなっている、ということを覚えておいてください。）

でも、現在のポナンザは人間を超えました。将棋のトッププロたちに実力で勝てるレベルにまで到達しています。10年前、泣きたくなるほど弱かったポナンザは、なぜここまで強くなったのか。ポナンザのプログラマである私は、どのような工夫を凝らして、簡単な計算と記憶しかできないコンピュータに、将棋で人間に勝てるような知能を獲得させていったのか。少しずつ秘密を解き明かしていきましょう。

将棋を指すプログラムは、どう作るのか？

といっても、この本でプログラミングの詳細を解説するつもりはありません。まずはそれ以前の（より本質的な）「知能」について、理解していただきたいと思います。

「知能」とはなんでしょうか？　この問いについては人工知能を専門とする研究者のあいだでもさかんに議論がなされており、明らかな定義があるわけではないようです（その結果として、人工知能という言葉の定義も明確には定められていません)。

そこでこの本では、私がポナンザを開発するなかで腹落ちしてきた事柄をもとに、大胆にシンプルな説明を試みます。決して間違っているものではありませんが、私なりの理解と解釈に基づいたものであることはご理解ください。

さて、コンピュータ将棋に限らず、知的な行動はおおよそ2つの行為を駆使しています。それは**「探索」**と**「評価」**です。

ほぼすべての知的な活動は、「探索」と「評価」のうち少なくともどちらか一方、あるいは両方である、と言うことができます。つまり、私たち人間も、あらゆる動物や昆虫も、「探索」と「評価」を常におこなっているのです(図1-2)。

どういったものなのか、1つずつ説明していきましょう。

▼探索

生物には、なぜ知能が備わっているのでしょうか。

進化論の観点から言えば、長い年月をかけて生物が知能を発達させた理由は、生存に

図1-2　知能を支える２本の柱

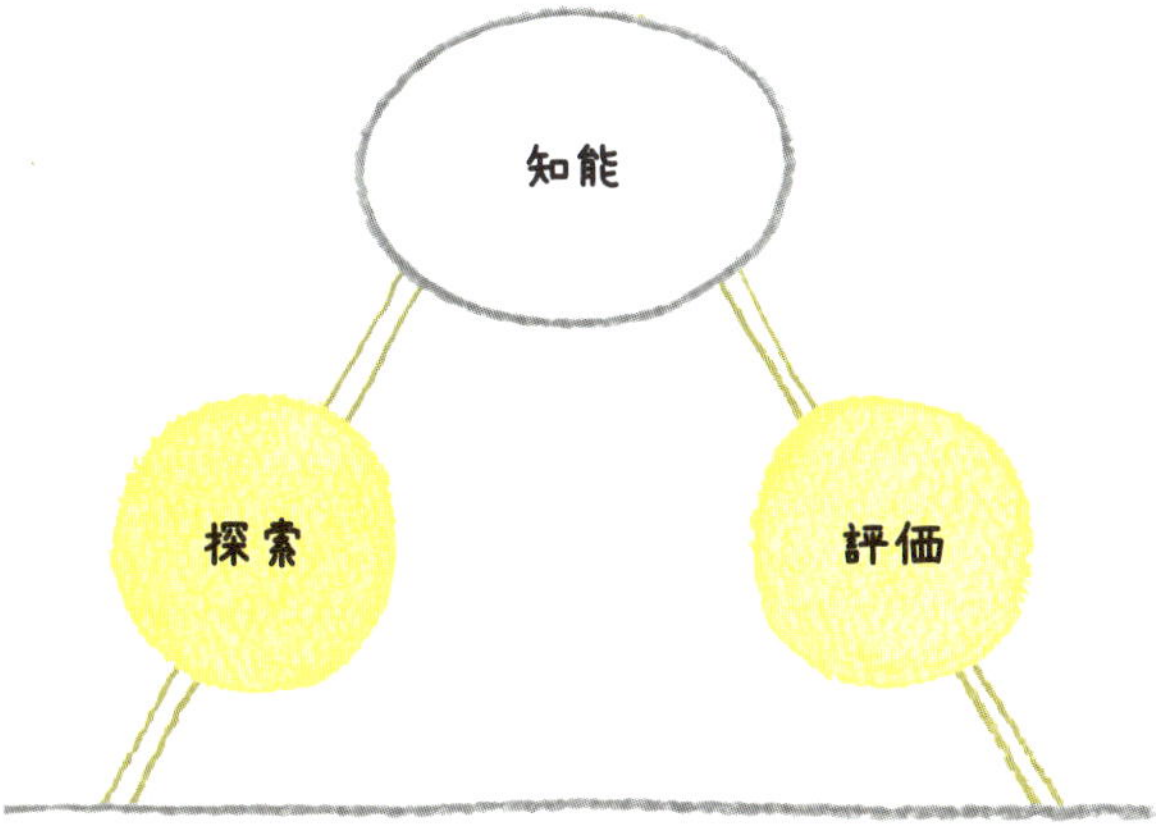

有利だからでしょう。

知能が生存に有利な理由は、知能が「未来を予想する」ことができる能力だからです。どこに向かえばご飯を食べられるか、何をすれば生殖に有利なのか、その予想ができるのと、ただの行き当たりばったりとでは、結果は大違いです。

では、未来を予想するためにはどうすればいいでしょうか。その方法はいくつかあるのですが、ダイレクトな解決策は、未来を**エミュレート**することです。

このエミュレートとは、「主観や価値判断を加えずに物事を推測する」という意味だと理解してください。この説明だ

とちょっとわかりにくいかもしれませんが、たとえば「1」が2つあったときに、

1＋1＝2

1－1＝0

1×1＝1

1÷1＝1

となることを計算していくのは、主観や価値判断を加えずに物事を推測しているといえますよね。これと同様に、現在の状況が今後どう変わるかを機械的に推測することを、エミュレートすると言うのです。

知能を支える「探索」とは、未来を正しくエミュレートできることを意味します。「1＋1＝3」となるような予想では、正しくエミュレートできるとは言えません。

われわれは日常生活でもごく自然に探索＝エミュレートしています。道路を渡るとき、今の状況がこれからどうなるのか、私たちは真剣に探索しますよね。「スピード違反はダメでしょ！」のような価値判断を交えず、車がどれくらいのスピードで向かってきているのかを即座に探索できなければ、命がいくつあっても足りません。

コンピュータ将棋でも人工知能の世界でも、未来を正しくエミュレートすることを「探索」と言い、人間の指す将棋においては、それを「読む」と言います。

では、探索ができれば、コンピュータは将棋で強くなれるのでしょうか。

先ほど説明したように、コンピュータは「簡単な計算」が得意で、プログラマが頑張れば、将棋の展開の予想は「簡単な計算」の積み重ねでできるようになります。

その結果、コンピュータは未来を正しく予想しようと膨大な局面を探索します。局面から考えられるすべての手を計算して、さらにその後のすべての展開を予想しようとするのです。


しかし、その方法はうまくいきません。探索ができても、コンピュータ将棋は弱いままです。なぜなら、将棋のありえる局面の数は、10の226乗にもなると言われており、コンピュータにもとても探索がしきれないからです。

10の226乗、つまり1のあとに0が226個並んだ数の大きさは、なかなかピンとこないと思います。Google の社名の由来となった googol＝グーゴルという単位は1のあとに0が100個並んだ数であり、1グーゴルは観測可能な範囲の宇宙に存在している原子の数よりも多いそうです。それをはるかに上回る10の226乗というのは、とにかくとてつもなく大きな数なのです。

コンピュータは、人間よりもはるかに膨大な局面を読む（探索する）ことができます。一般的なノートPCでも1秒間に何百万もの局面を読んでしまいます。私が所有する研究用のPCであれば、その100倍もの分量を読むことができます。しかしそれでも、10の226乗という将棋の大海の、ほんの一部しか探索できないのです。

▼評価

将棋のすべての展開を探索しきることはできない。それでは将棋プログラムは、その限られたリソースのなかで、どのようにして次の一手を決定するのでしょうか。

人間である皆さんには予想がつくと思います。そう、なにかしらの目星をつけながら探索すればいいですね。その「目星をつける」というのが、知能を支える行為の1つ、「評価」なのです。

図1-3　評価の意義

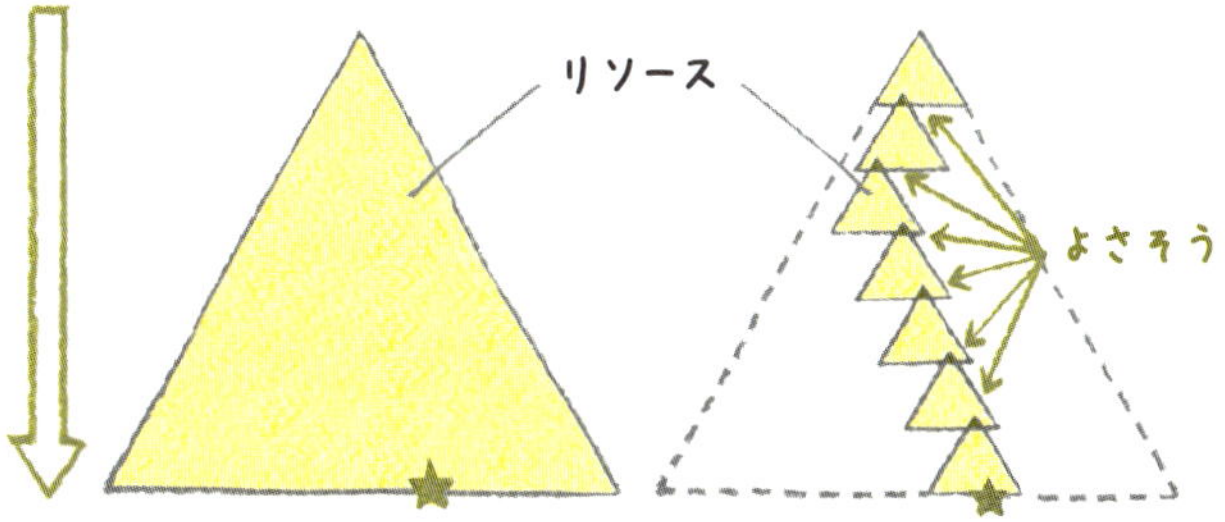

▲ 左：何も考えずに探索した場合、非常に多くのリソースを割かないと右と同じ結果を得られない。
右：探索をして、評価がよかった展開のみをさらに探索することで、すべてを探索するよりずっと効率がよくなる。

1つ例を出して考えてみましょう。

野球のバッターは、ピッチャーがボールを投げる際に反射的な「探索」をして、バットを振るか／振らないか、コースはどこか、球種は何かなどを判断します。その結果、高めに来た打ちやすい球をフルスイングしたり、見送ったりします。

しかしバッターは、ピッチャーのすべての動きに「探索」だけで対応しているわけではありません。ストライクゾーンを大きく外れるボールになったときは、それがわかり次第バットを止めますし、それ以前にピッチャーが1塁ランナーに牽制球を投げることもあります。その場合は、もうピッチャーやボールの動きを探索する必要はありません。つまり、バッターはピッチャーとその投げる球を、打つべきかどうか「評価」もしているわけです。

正しく評価ができるなら、探索する先を適切にカットすることができます。野球ならバッターボックスにいるあいだはずっとピッチャーに集中している、という人もいるかもしれませんが、相手の行動を予想するリソースが限られているなら、より評価の高いものだけを優先して探索するのが正しいですよね。

私たちは常日頃から、探索と評価を繰り返しています。とりあえずいろいろなことを試してみて、そのなかでいちばんよさそうものを選んで、さらに試してみる。知的活動のほとんどは、こういったことの積み重ねなのです。

将棋における探索と評価

では具体的に、将棋プログラムで「探索」と「評価」がどのようにおこなわれているかを見ていきましょう。

将棋プログラムは局面が与えられたとき、まずはコンピュータらしく、一手先のすべての考えられる展開を探索します。

そして局面を評価します。この場合の評価とは、「予想される勝率」と言い換えてもいいでしょう。局面のなかで最も評価がよいものから、順番に次の展開を探索していきます。

しかし、繰り返しになりますが、コンピュータのリソースは限られています。そこでだんだん探索が進んでいくと、今度はすべての手を調べずに、やはり評価によって、有望そうな展開や有望そうな手にリソースを割くようにします。

図 1-4　コンピュータもミスをする

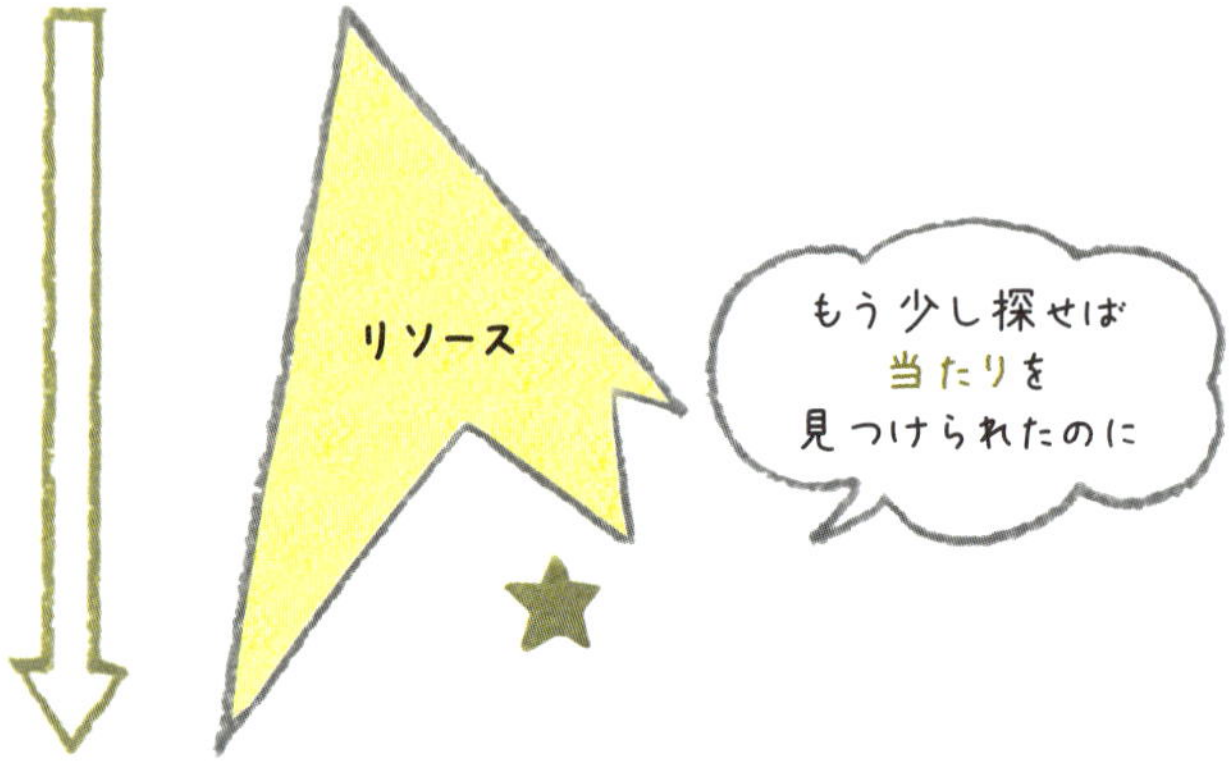

▲有限のリソース内でシミュレートするので見落としが生じる。

こうした探索と評価の組み合わせを、**シミュレート**といいます。

探索＝エミュレート　でしたが、

探索＋評価＝シミュレート　と理解していただいても大丈夫です。

エミュレートは機械的で正しさ優先の予想の方法でしたが、シミュレートは「評価」によって何を探索すべきか目星をつけていますから、より深く調べることができます。ただし、間違う可能性は一気に高くなります。そのため、航空・金融・宇宙など安全や正確性がより求められる分野のコンピュータでは、シミュレートではなくエミュレートが使われる割合が多いようです。

しかし、将棋ではエミュレートだけでは、先の先まで調べることができません。より深く調べるためにシミュレートを使わざるをえません。なのでどうしても、その後の重要な展開を見落とすことがあるのです（図1-4）。

人間と同じようにコンピュータもよい手を見落とすというのは、こうした理由からです。正しく「評価」をし続けなければ、よい手にはたどり着けない、というしくみは同じなのです。

評価のしくみの作り方

では、コンピュータ将棋はどうやって局面を評価しているのでしょうか？

10年以上前のプログラムでは、コンピュータの評価方法はすべて人の手で作られていました。すべての駒に、その価値を1つ1つ手動で点数をつけていたのです。飛車なら1500点、桂馬なら500点、歩なら100点、という具合ですね。

同様にすべての駒の配置にも点数をつけていました。自分の王様のそばに金があるとプラス50点だけれど、孤立した金はマイナス100点などです。

これだけでも1000個ほどの調整する項目が出てきます。将棋でもチェスでも、最低これくらい調整する項目がありました。

なお、調整というのは、飛車が1500点だったのを1520点にしたり、孤立した金をマイナス80点にしたりすることです。調整は、プログラマがコンピュータ将棋の試合内容を見ておこないます。

飛車を簡単に相手にあげてしまった場合には、飛車の点数を1500点から1520点にしてみます。そうすればもう少し飛車を大事にするようになりますよね。逆に、飛車を大事にし過ぎて肝心な王様が取られてしまうような局面が多く見えた場合は、1500点を1480点にします。こうすれば、飛車を大事にするケースが少し減ると思われます。

そうやって、試合内容を吟味しながら、プログラマが微調整を重ねていきました。

こうした調整は、ある程度はシステマティックにやられていたようですが、はっきり言ってプログラマの勘の部分が大きかったはずです。

また、人間が自分で考え、プログラムに反映させていますから、非常に手間暇がかかります。1000項目程度なら、何年にもわたる努力をすれば人間でも調整できますが、その100倍、1000倍、1万倍となるとどうでしょうか。

そして残念ながら、1000項目程度の調整では、将棋の複雑さを表現しきることはできなかったようです。人工知能のプログラマたちも、この方法では決して将棋の名人を打ち破ることはできないということがわかってきたのです。

人工知能の「冬の時代」

コンピュータの黎明期には、比較的すんなり人工知能が生まれるだろうと予想されていました。そもそも、人工知能の概念はコンピュータが生まれるより前からありましたから（チェスを指す「The Turk」というロボットなどが有名です）、それを実装するだけだろうと思われていたのです。

実際、計算力や記憶力なら、ずいぶん前にコンピュータは人類がまったく勝てないレベルに到達しています。現在の一般的なPCは、簡単な計算なら少なくとも1秒に1億回くらいはできます。文章だけなら、私がどれだけの分量を書いても、コンピュータの記憶力に限界を感じるのは難しいでしょう。

これほどの計算力と記憶力を持つコンピュータに人間の知恵を授けることができれば、それは間違いなく人工知能になるのではないかと、今でも多くの人が思っているはずで

図 1-5　The Turk（トルコ人）

▲ 18 世紀後半に作られた、自動でチェスを指す機械仕掛けの人形。ナポレオンとも対戦し勝利するなど、ヨーロッパ中で大きな話題を呼んだが、その後、内部にチェスの名人が入って操作するしくみであることが判明した。人間以外のものに知能が宿るか否かは、昔から人々の関心の的だった。

す。

しかし将棋や囲碁のプログラムが名人を倒すようなレベルになるには、つい最近まで待たなければなりませんでした。どうしてこんなにも予想とのギャップがあったのでしょうか？

その理由は、人間が思っていた以上に、自分の知恵をコンピュータに授けることが難しかったからです。

何が難しかったのか。時代が進むにつれてわかってきたのは、「人間は、自分が理解していることを漏れなく説明することができない」という、驚きの事実でした。

将棋の例に戻れば、私は将棋が強いほうですが、なぜ将棋でよい手を選べるかうまく自分で説明できないのです。よい手というのは言わば「降ってくるもの」であり、必ずしも合理的な思考で考えられたものではありません。つまり私は、自分がどういう風に考えて将棋を指しているかわからないのです。

この衝撃を、将棋を指さない方にも共有してもらいましょう。

皆さん、「こんにちは」としゃべってみてください。そのあとで、いったいどのように唇や舌や喉を動かしてしゃべっていたか、説明できますか？　おそらくほとんどの方はできないと思います。

また皆さんは、どうやって「歩いているか」説明できますか？

右足を前にして、次に左足を前にするという説明ではダメですよ。もっと正確に、腰の角度とか膝の上げ具合を説明できなければダメです。これも簡単には説明できませんね。だからこそ、二足歩行ロボットの完成は非常に困難なのです。

私たちは、「歩くこと」も「しゃべること」もある意味ほとんどわかっていないのです。

このように、人間が普段何気なくしていることすら、コンピュータに落とし込むのは容易ではありません。

同じように、私がコンピュータに将棋を教えることも不可能でした。たとえ将棋の名人であっても、コンピュータに自身の技術を論理的に伝えることはできないでしょう。

これは決して、名人を貶《おとし》めているわけではありません。およそ世の中の名人芸・職人芸というのは、言葉にならない、説明できないものだからこそ、そのように呼ばれるのです。

70年ほど前、コンピュータが発明された当時、科学者たちはこのことに気づきませんでした。人間の知識をコンピュータに落とし込めば、すぐにでも人工知能ができると楽観的に考えていたのです。

コンピュータ黎明期から、何十年にもわたって、科学者たちは何度も何度も人間の思考をコンピュータにトレースしようと努力してきました。ちょうど将棋プログラムを作り始めたときの私のように。

それらの試みは部分的には成功した例もありますが、ほとんどが失敗に終わりました。

その結果訪れたのが、世にいう「人工知能の冬の時代」です。
どうしたら人工知能を進化させることができるのか、まったく展望が開けない状況に研究者もスポンサーである企業も嫌気が差し、人工知能の専門家といえる人は激減してしまいます。

人工知能研究が下火になっていくなか、残った数少ない人工知能研究者たちは自分たちの研究を人工知能と標榜しなくなります。なぜなら、自身の研究を「人工知能」と打ち出すと、研究費がつかなかったり、業界内で白い目で見られたりしてしまうからです。そのため当時の人工知能の研究者たちは、自分たちのことを「機械学習」や「サポートベクターマシン（SVM）」といった手法の専門だと名乗っていたようです。

〝冬〟の厳しさを感じさせるエピソードですね。人工知能の研究が再びさかんになった現在と比べると、まさに隔世の感があります。

私が研究を始めた2007年、2008年はまだその冬の時代が続いており、私自身も当時は研究者・開発者として進むべき道がわからなくなっていました。

人間の思考を理解するのは諦めた

人間の思考をコンピュータにトレースしようとした科学者たちの失敗を具体的に見てみましょう。

たとえば画像を見て、その画像に何が映っているかを評価することは、昔のコンピュータにとって恐ろしく難しい問題でした（この評価は、「判断」とするのが国語的に正しいのでしょうが、これまでの説明にのっとり「評価」という表現を使います）。

画像にコップが映っているかどうかを評価するプログラムを考えてみましょう。コンピュータの記憶力がどれほどよくても、世の中に無数にあり、今後も無限に生み出されるコップの形状をすべて把握しておくことはできません。それにコップのアングルや光の状況によって、同じコップでもまったく異なる映り方になることもしばしばです。

図 1-6　人間はコップを正しくコップと認識できる

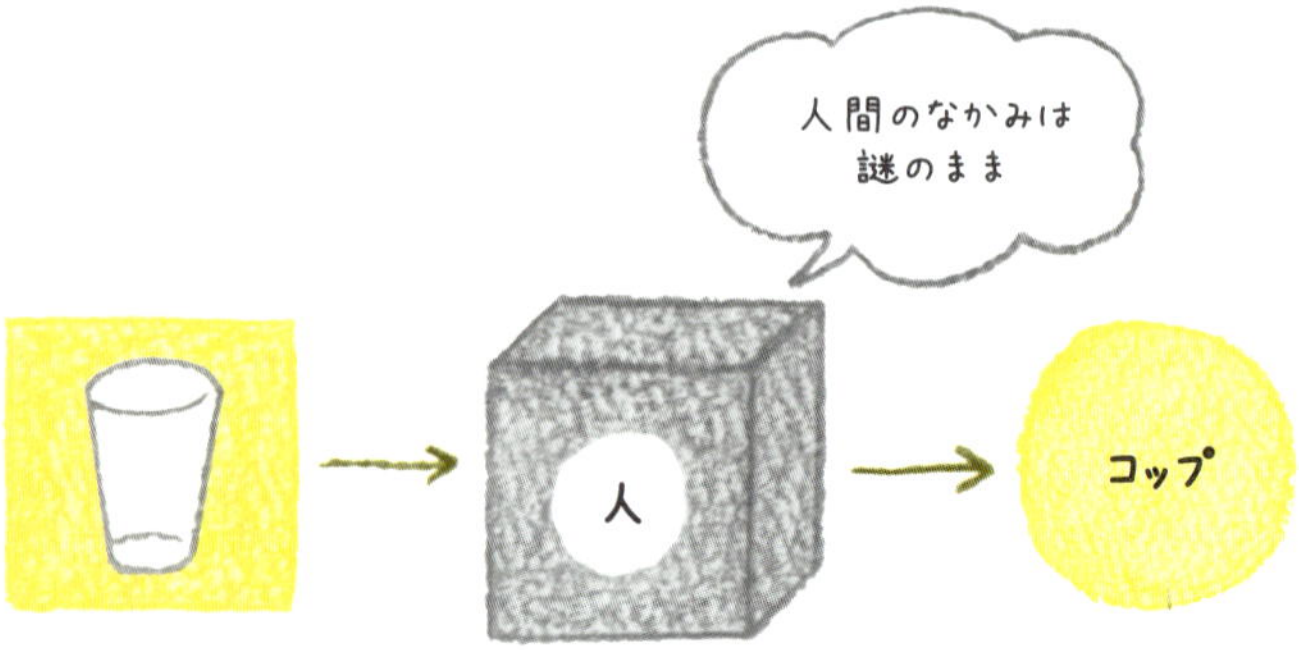

▲ ただし、どのように判別しているかはブラックボックス。

しかし人間は、見たものがコップかどうかを楽々と評価できるのです。同じような形のバケツやお茶碗と間違えることはほぼありません。

人間がどうやってコップをコップと評価しているのか、それを解明しようと科学者たちは努力を重ねてきました。しかし結局、人間がどのようにコップを評価しているかという「プロセス」を解明することはできませんでした。

そこで科学者たちはプロセスの解明を諦め、ある種の方向転換をします。

人間の知能をブラックボックスのまま

図 1-7　人工知能のブレークスルー

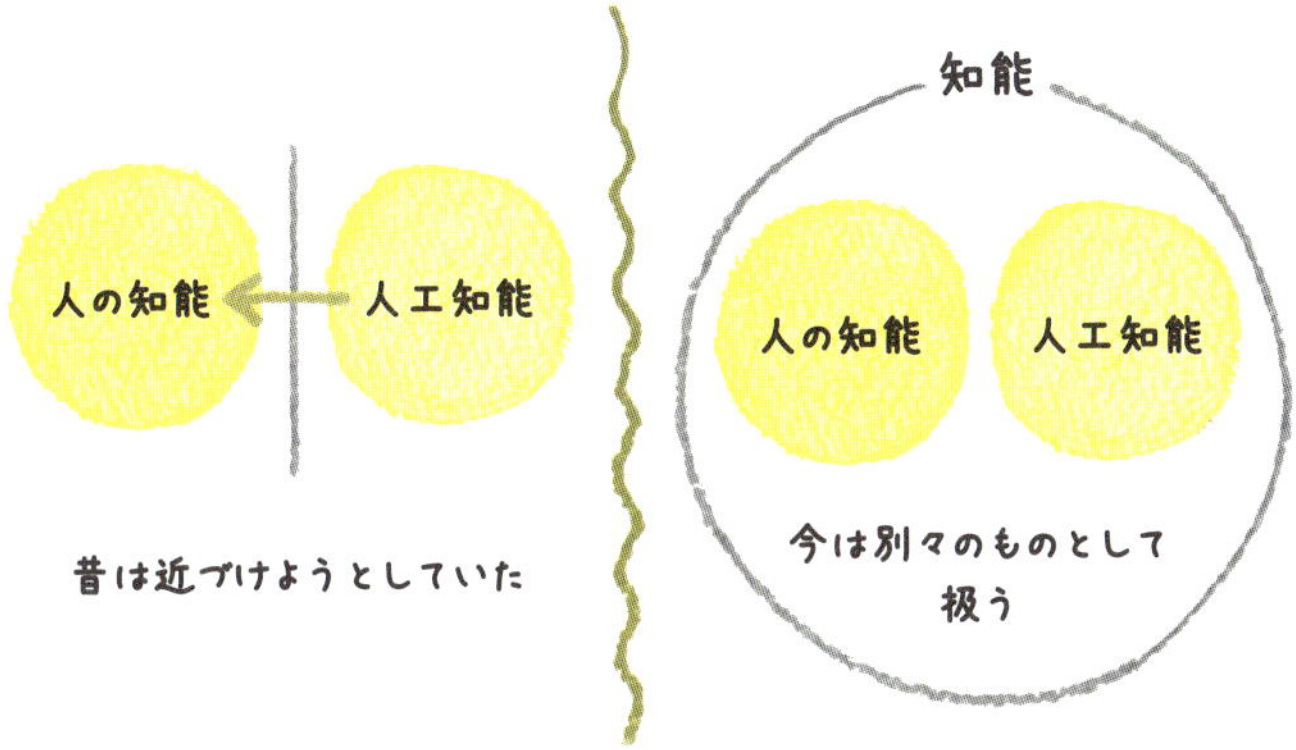

▲ 人間の模倣をやめることで成功した。

にしておくことにしたのです。これはつまり、必死に値を調整することで、コンピュータが人間のように正しく評価（判断）できるようにしようとしていたのをやめるということです。

将棋に戻して説明しましょう。

10年前までの将棋プログラムでは、人間が将棋の評価にかかわるさまざまな値を適切なものにしようと何年も苦闘していました。

でも将棋というゲームを表現するには、すでにお話ししたように1000項目程度の値の調整では足りません。少なくとも10万項目以上の値が必要だと私は考えています。ポナンザに至っては1億項目を超える値の調整をしています。そのすべての値を調整することは人間にはできません。こういった大量の作業は、やはりコンピュータにやってもらうのがいいですよね。

このような、「値の調整をコンピュータに自動的に調整してもらおうという試み」から、**機械学習**という手法が生まれました（といってもどのようにコンピュータに値を調整させればいいかわかりませんよね。それはおいおい説明していきます）。

とにかくポイントは、機械学習という手法によって、機械自身が評価の値を調整するようになることで、従来の人間には不可能だった大量の値を調整することが可能になったということです。

もちろん、現在の機械学習の技術では、人間のすべての判断（評価）を学習できるわけではありません。たとえば言語間の翻訳の精度はまだまだ低いですし、完全自動運転の車が市場を席巻するのにはもう少し時間がかかりそうです。

しかし、画像認識、つまり画像を見て何が映っているか判断するたぐいの問題への対応は、すでに非常に洗練されてきています。この画像の判定に使われている技術は、機

図1-8　人工知能と機械学習、ディープラーニング

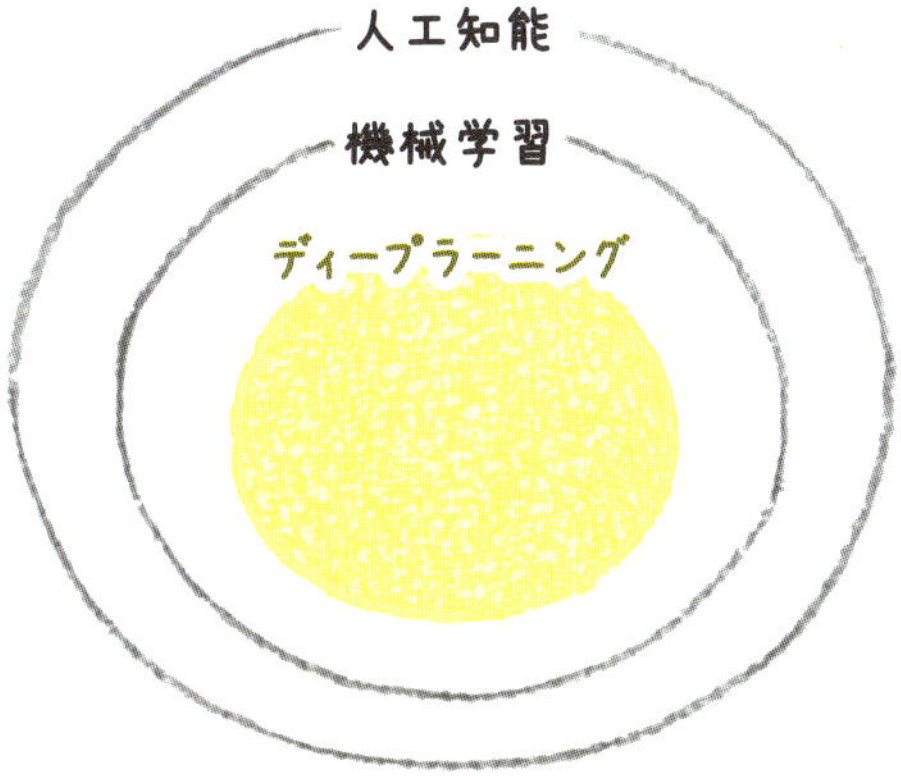

▲人工知能の概念のなかに機械学習があって、機械学習の一手法にディープラーニングがある。

械学習の一種で**ディープラーニング（深層学習）**と呼ばれ、従来の技術の性能をはるかに超える性能を叩き出しているのです。

この機械学習とディープラーニングという技術の進歩により、人工知能の「冬の時代」は終わりを告げたのです。

ディープラーニングを使った技術は、すでに人間と並ぶどころではなく、応用される分野によっては、一般の人間のレベルを超えようとしているケースも多数あります。

たとえば医療の分野ではディープラーニングが積極的に使われようとしていま

す。レントゲン写真から病巣を発見することが世界一上手な医師がいたとしましょう。もしこの医師の能力をディープラーニングが学習できれば、世界中の医師が世界一の能力を使いこなすことができるのです。

コンピュータは休みなく、安定して、学習した結果を利用することができます。場所に制限されることもありません。世界中のどこであれ、レントゲン写真をとれば（医師がいなくても）適切に病巣を発見できる。そういったことがもうすぐ実現するようになるでしょう。

なぜ、コンピュータ将棋はコンピュータチェスに20年遅れたのか？

話はここで、チェスに移ります。

1997年に、IBMのスーパーコンピュータ「ディープブルー」がロシアの偉大なチェス世界チャンピオン、ガルリ・カスパロフを破りました。チェスは欧米では知的さの象徴とされていただけに、ディープブルーの躍進は世界に衝撃とともに報道されました。

ディープブルーはトップクラスのチェスプレイヤーを含むチームで開発され、１秒間に２億もの局面を調べることができる、当時としては途方もない性能を持つコンピュータでした。当時のコンピュータの実力で２億局面読めたというのは、本当にすごいことです。ＩＢＭがどれほどディープブルーにかけていたかが、よくわかります。

それから20年が経ちました。ついにコンピュータ将棋の実力も人間の名人のレベルを超えようとしています。

おや、不思議ですね？　チェスも将棋も似たようなゲームなのに、いったいなぜ、コンピュータチェスとコンピュータ将棋のあいだに、人間のトッププロとの比較において20年もの差がついたのでしょうか？　しかも年を経るにつれ、当時のＩＢＭのコンピュータよりも性能のよいコンピュータを、はるかに安価で簡単に用意できるようになっていったにもかかわらず……。

局面数が多いから人間に勝つのが難しいわけではない

その問いには、多くの人が「チェスよりも将棋のほうが難しいから」と答えるでしょう。それはある意味、正しいです。

ただし、その文脈でよく聞かれる言説に、「将棋はチェスよりも存在可能な局面が多いから難しい」というのがあります。人工知能の専門家ですら、こういったことを言う人が多くいます。この説は高い確率で誤解を含んでいますし、オブラートに包まずに言うと間違っています。どこが間違っているのでしょうか。

将棋がチェスに比べて、存在できる可能性のある局面の数が多いのは間違いありません。想定される数には研究者によってバラツキがありますが、とてつもなく大きい数だと思っていただいて大丈夫です。

どれくらい大きな数かといえば、まずチェスですら、1秒間に2億局面読めるプログラムが、宇宙開闢《かいびゃく》から現在までの約１００億年のあいだ探索を続けても読みきれません。そして将棋はさらにその上を行くのです。

私は仕事柄、「ポナンザが将棋の名人を倒したら、次は将棋の完全解析に進むのですか？」とよく聞かれるのですが、ちょっと返事に困ります。

完全解析というのは文字どおり、すべての答えがわかっているという状態です。ある局面でどんな手を指せばベストなのかがわかるだけでなく、ゲームのスタート前に、先手が勝つか、後手が勝つか、引き分けになるのかが、すべて明らかになっているということになります。

しかし将棋というゲームは、皆さんの想像をはるかに超えて奥が深いのです。現在のコンピュータでは、宇宙の年齢よりはるかにたくさんの時間があったとしても、到底読みきれるものではありません。これはアルゴリズムがどれほど進化しても解決しないでしょう。

先ほどの言葉、「将棋はチェスよりも存在可能な局面が多いから難しい」というのが、

図 1-9 各ゲームの局面の数

ゲーム	ゲーム中に現れる局面の数
オセロ	10の60乗
チェス	10の120乗
将棋	10の226乗
囲碁	10の360乗

▲ 諸説あるが上記が通常言われる数字。

「(完全解析するのが) 難しい」という意味なら正しいのですが、この質問の意味は「(人間のトップに勝つのは) 難しい」という意味ですよね。

まずはここまでの前提を、皆さんと共有できればと思います。

ちなみに、現在のところ、まだオセロですら完全解析はできていません。

あのシンプルに見えるゲームですらそうなのですから、完全解析というのがいかに難しいのか、想像してもらえると思います。

コンピュータにとって将棋が難しい理由

ではなぜコンピュータにとっては、チェスよりも将棋のほうが、人間に勝つのが難しいのでしょうか。

その理由は、コンピュータにとってチェスよりも将棋の局面のほうが、「何をどのように計算すればいいのか」が、わからないからです。言い方を変えれば、コンピュータにとって、将棋のほうがチェスよりも扱いにくいということです。

考えてみてください、計算すればいいだけの問題だったら、コンピュータは人間には決して負けません。**そもそも将棋の何を、どのように計算すればいいのかわからないから、コンピュータは人間に勝てなかったのです。**

だって普通に考えたら、将棋を指すことが計算問題になったりしませんよね。そこを頑張って、将棋という問題を計算問題に落とし込むことがプログラマの仕事であり、私が今までやってきたことなのです。

今まで計算不可能だった問題を計算可能にするのが、人工知能における課題なのだとも言えます。コンピュータと人間がその性能を争っている分野というのは、つい最近まで計算不可能と思われていた問題が計算可能な問題になっている途中なのです。

コンピュータにとって計算可能な問題は簡単で、そうでない問題は難しいことは、将棋の例からもよくわかります。

通常、コンピュータは終盤のほうが得意です。なぜなら、王様を攻めるという目的がある程度しっかりしているからです。相手の守りの駒を取っていき、王様を目指していけばいいのです。将棋の終盤は、コンピュータにとって計算しやすい問題と言えます。

一方、将棋の序盤はコンピュータにとって計算困難な問題です。駒のわずかな配置の違いで局面の良し悪しが大きく変化します。これらの微小な違いによる良し悪しを、人間のプログラマが書ききることは困難です。当時のプログラマとしては、誰よりも将棋を理解していたつもりの私も、その試みに失敗しました。

コンピュータにとっての将棋とチェスの本質的な違い

話をまとめます。コンピュータにとって、チェスのほうが将棋に比べて、人間に勝ちやすいゲームでした。それは、コンピュータがチェスを完全に解析できるからではなく、局面の良し悪しを測る基準がチェスは将棋よりも明確で、コンピュータに計算しやすいものだったからなのです。

その理由を、チェスのゲーム性とともに紹介していきましょう。

チェスは将棋に比べて機動力が高い駒がほとんどです。一方、将棋は足が遅い駒がほとんどです。これが、盤面のどこかで緊急事態が生じたときに大きな差になります。チェスの駒は緊急事態が生じても、すぐに現場に駆けつけられますが、将棋の駒はなかなか駆けつけられません。

図 1-10　チェスと将棋を分ける壁

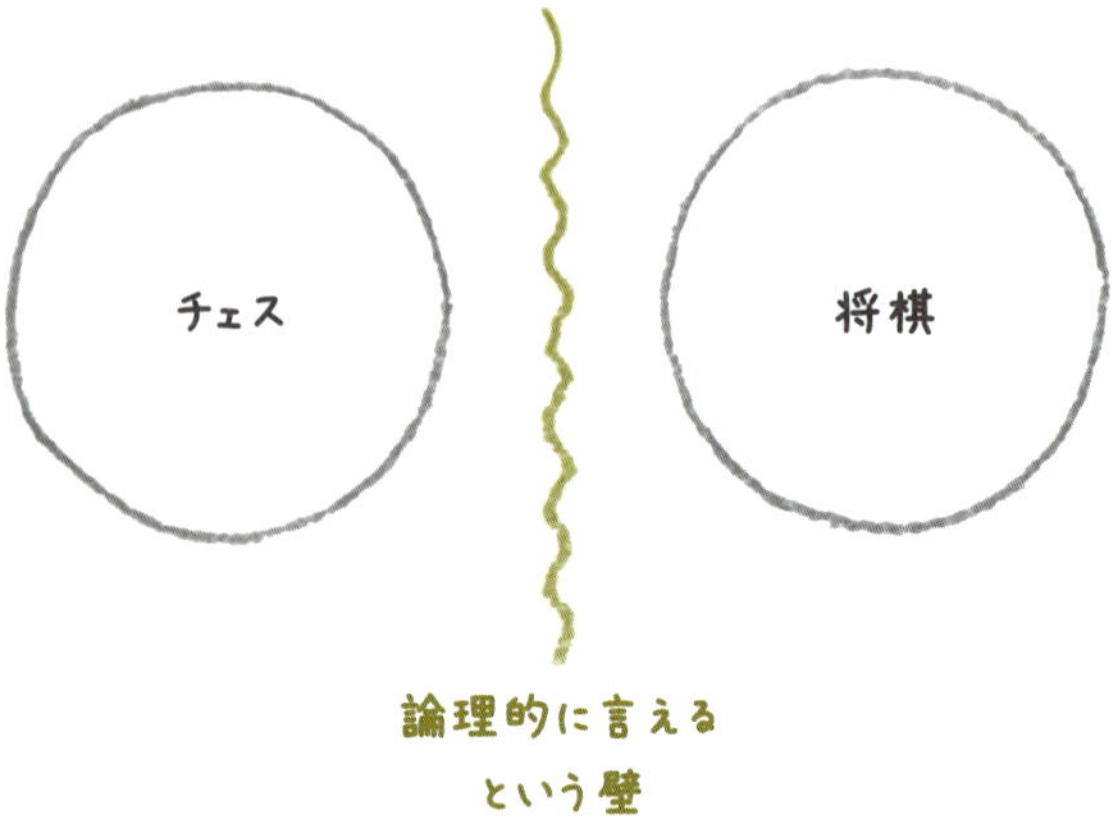

そのためチェスでは駒をどれだけ盤面に残存させているかが局面の良し悪しに直結する一方、将棋は駒がよい配置にあることが、局面の良し悪しに直結するのです。

駒の残存量を計算することは、コンピュータにはとても簡単なことです。もちろんチェスにはそれ以外にも大事な要素がたくさんありますが、チェスというゲームがどういうものであったかを人間は論理的に表現することができました。

これこそが、コンピュータにとって将棋とチェスが区別される理由だったのです。

チェスについては、昔からさまざまな人が、どのように局面の良し悪しを測ればいいのか、教科書的なものを作っていました。

チェスのプログラムは、こういったチェスの教科書から、局面の判断基準をどんどん輸入しました。チェスを万人が理解できるようにしようとした試みが、結果的にコンピュータすらも理解できる形にさせたのだと思います。

これは決して、将棋にかかわる人たちが教科書を作ることにふまじめだったというわけではありません。

将棋は論理的に局面の良し悪しを述べることが難しいのです。将棋の指し手を評する言葉には、「味がいい」「手厚い」「重い」といった難解なニュアンスのものが多数あります。これらの用語の意味を理解し、自由に使えるようになるには、アマチュア初段程度の実力が必要でしょう。そして、こういった専門用語があるのは、なんとかして局面を言葉でとらえようとした将棋指しの努力の歴史を物語るものなのです。

ちなみに、さらに専門用語の意味をとらえるのが難しいのが囲碁です。普通の初心者にとっては、囲碁の教科書を読めるようになることですら難しいのです（教科書なのに！）。そのため、ひと昔前の人工知能の技術では、囲碁を扱うのはほとんど不可能に近いレベルでした。

チェスの世界チャンピオンを破ってから20年が経ち、コンピュータは今ようやく将棋の名人を倒せるレベルに到達しようとしています。しかしプログラマたちは将棋がどういうものであるか、うまくコンピュータには伝えられませんでしたし、それは今後も永遠に成功しないでしょう。

ではプログラマたちは、どのようにコンピュータを強くしたのでしょうか？

もうおわかりですね。コンピュータが自分自身で将棋の知識を獲得しない限り、決して将棋の名人を打ち破ることはできないのです。そのために必要なものが、すでに説明した「機械学習」です。

次からは、いかにしてコンピュータ自身が将棋の知識を獲得していったか、その歴史を述べていこうと思います。

コンピュータ将棋での機械学習

機械学習は、人間がどうやって学習しているかわからないけれど、人間の真似ができるようにするコンピュータの技術だと言いました。厳密には、これは「教師あり学習」といいます。

私たち自身も先生の言うことを聞いて勉強していくことがありますよね。つまり「教師あり学習」という概念は機械学習に限らず、人間の学習にも適用されるのです。この関係性を図にすると、次ページの図1-11のようになります。

このように、教師あり学習というのは、人間にもコンピュータにも横たわる概念なんですね。ちなみに教師がない学習というのはあるのか、という疑問が出てくると思うのですが、それもいずれお話しするのでお待ちください。

図 1-11　教師あり学習

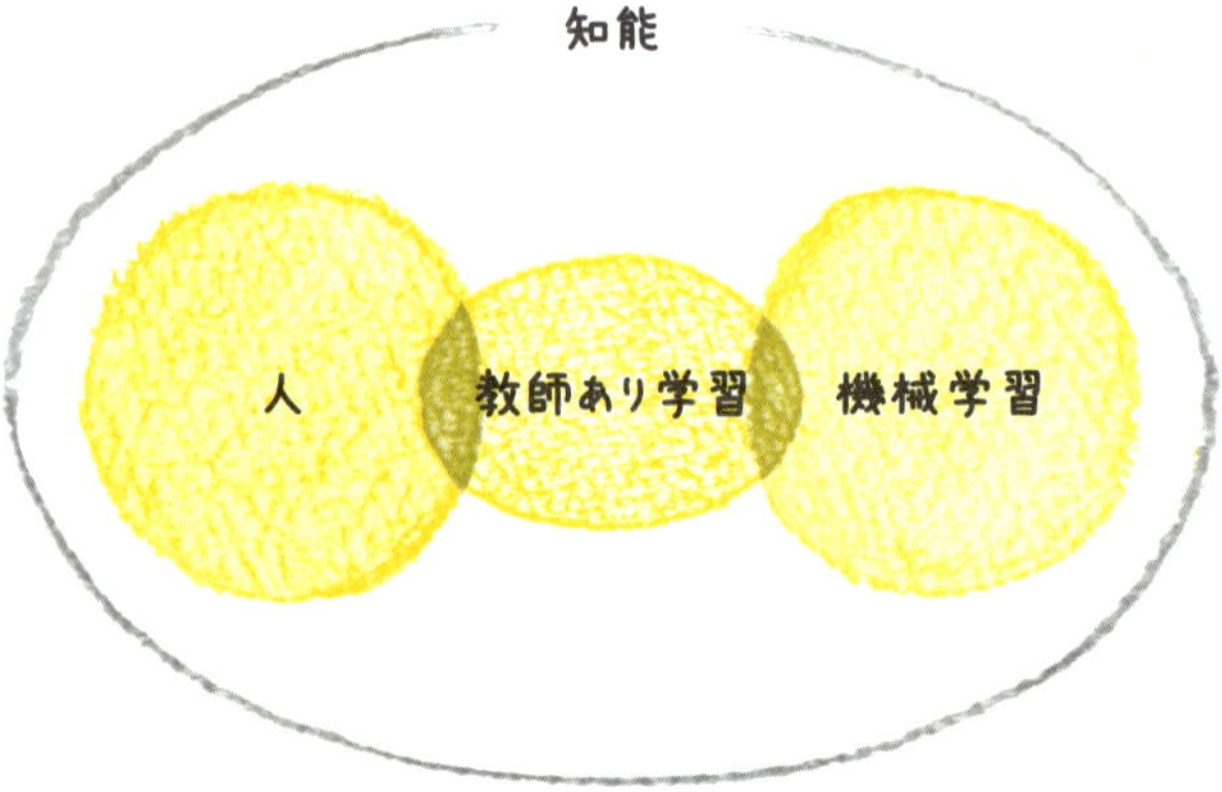

▲ 人間も機械もお手本をもとに学習する。

さて、それでは、コンピュータはどうやって人間を教師にして学習すればいいのでしょうか？

将棋を例に考えてみましょう。

プロの対局した将棋の手順の記録を棋譜といいます。残念ながら、プロ棋士がその局面をよいと思っていたか、悪いと思っていたかの情報はありません。そういった情報があれば、現在の局面をプロ棋士がどれくらいよいと思っていたかの情報をもとに学習できるのですが……。

しかし諦めてはいけません。プロ棋士が指した手という非常に重要な情報が残っています。当然ながらプロ棋士が指した手と、（指さなかった）それ以外の手

図 1-12　人工知能はまずプロの手をお手本にした

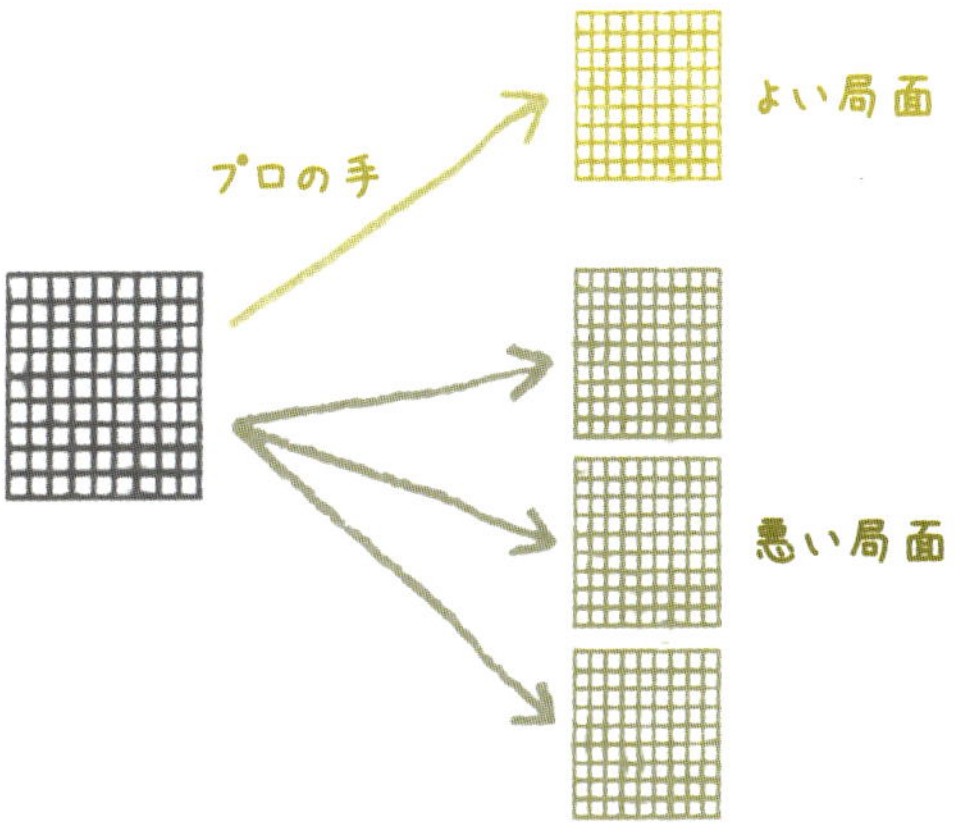

▲ プロの指した手は、ほかの手よりもよい手の可能性が高い。

があります。プロ棋士が指した手のあとの局面は、それ以外の手を指したあとの局面よりいい局面だという仮定はどうでしょうか？

もちろんプロ棋士といえども、いつもいちばんいい手を指すわけではありません。しかしまだまだ弱かった当時のコンピュータから見て、プロ棋士の手は全部正解と思ってもほとんど間違いないはずです。ピアノの練習だって、プロレベルになるまでは、まず自分よりも上手なプロの先生の言うことを素直に聞くのが上達への近道でしょう。

同じ理屈で、プロが指した手の局面の

図 1-13　機械学習による調整

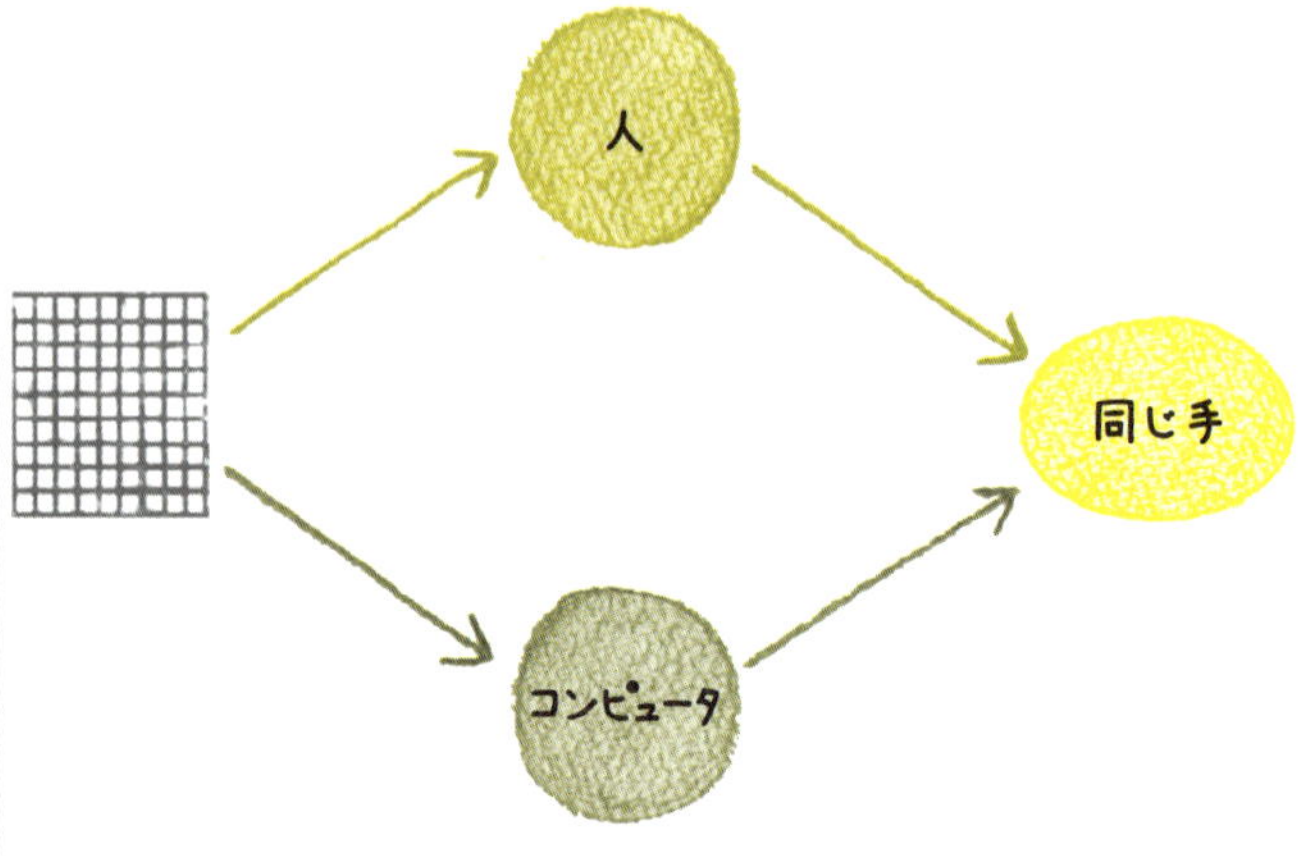

▲ コンピュータがプロと同じ手を指すように調整していく。

ほうが、プロが指さなかったほかの手よりもよいものであると、コンピュータに機械学習をさせて訓練をします。そのように学習することで、プロ棋士と同じような手が自然と指せるようになるのです。

プログラマがどのようにコンピュータに機械学習をさせているのか、もう少し具体的に説明しましょう。

プロの棋譜は現在5万局ほどの蓄積がありますが、これはすべてデジタル化されています。ほかの分野と比べるとそこまで巨大でもありませんが、ビッグデータと言えなくもない分量です。

このデータは、図1-14のような形式

図 1-14　デジタル化された棋譜のデータ

```
V2.2
N+PONANZA
N-山崎隆之 八段
$EVENT:電王戦
$SITE:関山中尊寺（岩手県西磐井郡）
$START:2016-04-08T16:00:00.000Z
$END:2016-04-09T15:00:00.000Z
P1-KY-KE-GI-KI-OU-KI-GI-KE-KY
P2 * -HI *  *  *  *  * -KA *
P3-FU-FU-FU-FU-FU-FU-FU-FU-FU
P4 *  *  *  *  *  *  *  *  *
P5 *  *  *  *  *  *  *  *  *
P6 *  *  *  *  *  *  *  *  *
P7+FU+FU+FU+FU+FU+FU+FU+FU+FU
P8 * +KA *  *  *  *  * +HI *
P9+KY+KE+GI+KI+OU+KI+GI+KE+KY
+
+2726FU
-4132KI
+7776FU
-8384FU
+2625FU
-3334FU
+6978KI
-8485FU
+2524FU
-2324FU
```

になっています。機械学習をするうえでは、データがこのようにコンピュータに扱いやすい形式になっていることはとても大事です。

このデジタル化された棋譜のデータから、コンピュータはプロ棋士がある場面でどの手を指したかを知るわけです。プロが指した正解の局面と、プロが指さなかった不正解の局面を比べて、どういった要素が異なっているか計算します。

たとえばプロ棋士がある局面で駒Aと駒Bが取れる状況で、駒Aを取ったとします。その場合は問題の駒Aの値をより大きく、駒Bの値をより小さく調整すれば、コンピュータはプロと同じ手が指せるようになりそうですね（もちろん、この調整作業の裏には数学上の根拠があり、偏微分と呼ばれるテクニックが使われています）。

値を修正したからといって、実際にコンピュータがプロと同じ手を指せるようになるとは限りません。値の調整が小さ過ぎることも、あるいは大き過ぎる場合もあります。値を変更してしまったせいで、今までプロと同じ手が指せていた別の局面で、正しい手が指せなくなることもザラです。

つまりこの調整の本質は、あちらが立てばこちらが立たずのような状況で、いかに最大公約数的にプロと同じ手が指せるようにするかということです。

こういった調整はコンピュータによって自動でおこなわれますが、ボナンザのように1億を超えるパラメータを調整するのはコンピュータにとっても膨大な試行錯誤の繰り返しとなり、かなりの時間がかかります。私の研究の初期の時点では、かなりよいPCを使っても数か月ほど調整の時間がかかってしまいました。

しかしその苦労が実り、最終的に（初期）ポナンザは、プロ棋士と同じ手が45％程度の確率で指せるようになりました。

機械学習の弱点と工夫

すばらしい成果を上げた機械学習ですが、当然のことながら完璧ではありません。当初からいくつもの弱点が指摘されてきました。そのなかから1つ、皆さんにぜひ知っておいてもらいたいことがあります。

機械学習、とくに教師あり機械学習の最大の弱点は、教師が少ないという状況が頻繁に起きうることです。

プロ棋士の棋譜は5万局ほどあると言いましたが、正直なところコンピュータには全然足りません。一方、人間はものすごく高度な判断をしていて、少ない教師例からでも学習ができます。というより、人間はそんなに大量の情報をさばけないので、少ない情報でなんとかしていると言ったほうがよいでしょう。

人間は物事を見続けているなかで、適切な一般化や隠れているノウハウを発見するのが得意です。たとえば格言というのがありますよね。「金底の歩岩よりも固し」とか、「桂の高跳び歩の餌食《えじき》」などです。あれは将棋をたくさん指していくなかで一般化されたノウハウなのです。

しかし残念ながらコンピュータには、一般化する能力がほとんどありません。ですから人間にとっては途方もないように感じる5万の棋譜ですら、教師としては足りないということになります。コンピュータにはより多くの棋譜が必要なのです。

この問題はどうやって解決するのでしょうか？

ここでいったんコンピュータ将棋のことは置いて、画像認識での例を考えてみましょう。画像認識では、画像に映っているものをコンピュータに答えさせるのが一般的なタスクの1つです。その場合も、教師例をどのように作るかが問題になります。

図1-15　ゴリラの画像①

▲この画像に「ゴリラ」というタグをつける。

すごく大雑把に言えば、2通りしか方法はありません。

1つは、人間が頑張って「タグ」をつけるのです。

画像を見て、それが何かを人が少しずつラベルをつけていきます。10枚や100枚ならまあなんとかできますが、1万枚、10万枚必要だと言われたらどうでしょうか……ちょっときついですよね（図1-15）。

もう1つは少し楽な方法です。

それはインターネット上の文章情報と画像を取ってきて推定する方法です。人

図 1-16　ゴリラの画像②

▲「○月○日、今日は動物園にゴリラを見に行きました」という文章から、自動でこの画像に「ゴリラ」というタグをつける。

図 1-17　ゴリラの画像③

▲ この２つは反転していてもゴリラと認識させる。

図1-18 ゴリラの画像④

▲ 画像の中心にいなくてもゴリラと認識させる。

手はかからなくて済むのですが、文章情報と画像の対応関係が正確なのか、ちょっと怪しいですね(図1-16)。

どちらにせよ基本的には画像に「タグ」をつけているわけですが、何十万、何百万枚も揃えるのは大変ですね。

そこで図1-17、図1-18のようにして、画像を「カサ増し」します。

回転させたり、位置をずらしたり、色のバランスを変えてもゴリラはゴリラですよね。

こうやって画像を「カサ増し」して学習することで、ある程度は教師例が少な

図 1-19　コンピュータ将棋での「カサ増し」

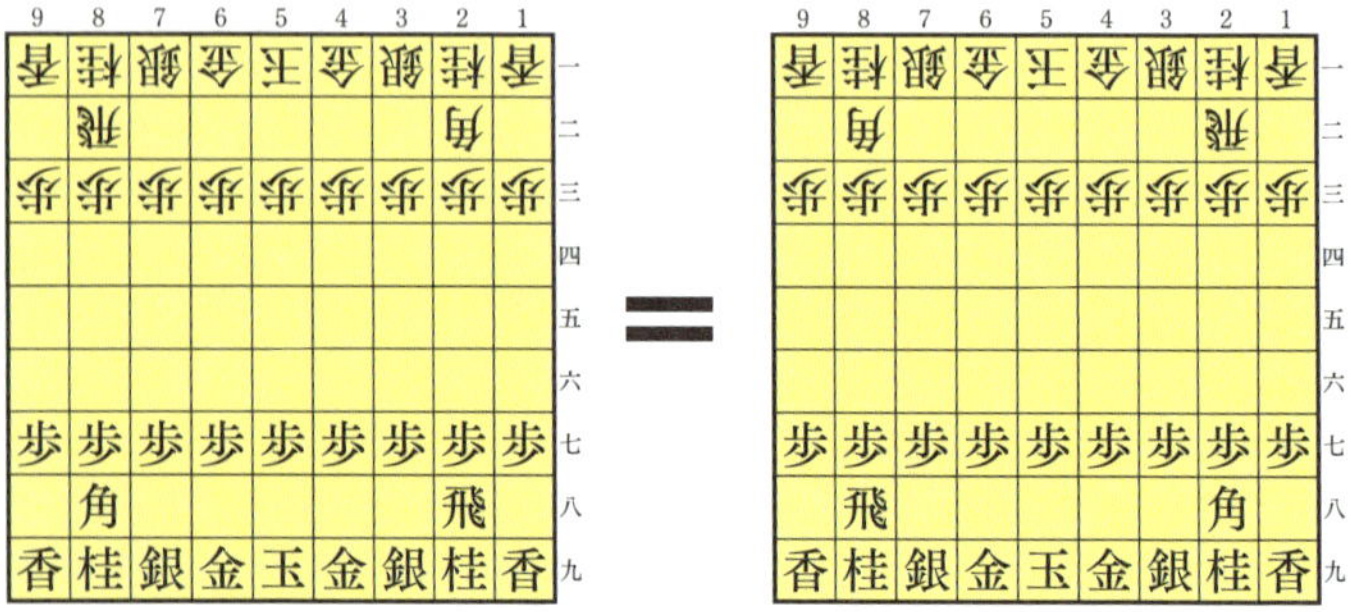

▲ 状況を反転させても元の局面と実質は同じ。

い問題を緩和できます。

実はこのテクニックは、コンピュータ将棋でも応用されています。

将棋の駒は左右で移動性能に差はありません。それに盤面上である程度、左右や上下にズレていても、同じような性能を発揮します。ですから、コンピュータ将棋を作るときに、左右反転やズレた状態のものは元の局面と一緒だとプログラマが指示することで、教師例の不足を防ぐのです。

これは非常に有効な手法で、あっという間に開発者のあいだで広まり共通の技術となりました。

ポナンザの成長

ポナンザは機械学習の導入以後、驚くほど強くなります。

私が書いたプログラムソースコード上には、将棋の戦法や相手陣への攻撃方法、自分陣の防御方法についての情報はほぼありません。もちろん将棋の基本的なルール、つまり駒の動かし方は記述しました。どのように「探索」するかの部分も、ほぼすべて私がプログラムを書き上げています。

しかし「評価」に関する部分はすべて機械学習によってコンピュータ自身で調整されています。私はどのように評価を学習すればいいか、つまり学習そのものでなくメタ学習について記述するのみです。

「評価」の部分の調整において、私はいわばコーチのような役割を担うようになったのです。もちろん実際に走る選手はコンピュータですよ。

このようにプログラムを書いていると言うと、機械が調整するなら、どこで各プログラムに差が生まれるのだろうと思うかもしれません。

しかし実際には、どの部分を重点的に学習させるか、あるいはどのように探索をさせるかなどは、かなりの自由度があります。

またプログラムというものは書き方次第で、同じことをするプログラムであっても速度の差が100倍もつくことがごく普通にあります。将棋プログラムが高速に動作することは、たくさんの手が読めることと同義なので、プログラマたちはプログラムの実行速度の向上のために努力をします。


機械学習を導入以後、それまでとても知的だとは思えなかったポナンザに変化が訪れます。もちろん強くなったのですが、それだけでなく、「知性」すら感じるようになりました。

「知能」と「知性」の違いものちほどお話ししますが、私はポナンザの指し手に意思を感じたり、目的を感じたりするようになったのです。

コンピュータによる大量の計算結果に意思や感情を感じるのはなんだか不思議なもの

ですが、これは私だけの感覚ではありません。のちのことですが、ポナンザやほかのコンピュータ将棋と戦ったプロ棋士たちも、「ここはコンピュータが焦ったのでしょう」というような、まるでコンピュータに意思や感性があるかのような発言をするようになるのです。

そしてポナンザを作り始めて2年ほど経った日でしょうか。とうとう私は負けてしまいました。

前述のとおり、私の将棋の強さはアマチュア五段です。アマチュア最強レベルとかではありませんが、相当強いです。その私が負けました。

これほどくやしさ、そしてそれをはるかに上回る喜びを私は味わったことはありません。普通、人間は自分が作ったものが、知的な意味で自分を上回る経験はできません。唯一の例外があるとしたら、それは子供を成長させることでしょうか。ポナンザは私の子供で、そして私を超えたのです。

電王戦

もちろんボナンザ以外のコンピュータ将棋も、機械学習の導入で急速に強くなっていきました。

以前は評価の部分を手作業で何年もかけて調整しなければいけなかったのです。しかし機械学習の導入で、手作業の性能を上回ると同時に、作成時間を大幅に短縮できるようになりました。その分、プログラムの性能を向上させる試行錯誤のサイクルを速く回せることになります。

またいくつかの強豪将棋ソフトたちが自らのプログラムを公開することでこの進化は加速します。

それまでほとんど職人芸によって作られていた評価が機械化されたことで、何十個もあった強豪のプログラムたちが機械学習を導入した新しいプログラムたちに勝てなくなり、世代交代が一気に進みました。

機械学習導入以前の将棋プログラムの世界は、進むべき方向が確立していなかったので、強さの向上も停滞気味でした。

しかし機械学習の導入以後、トッププログラムたちは少なく見積もっても、前年の自分のプログラムに対して勝率7割を達成できるようになりました。逆に言えば、その勝率が7割に達しない程度の強さの向上では、先頭集団にいることは不可能になりました。現在でもその強さの改善速度は維持されています（それどころか、改善速度そのものも加速しているかもしれません）。

急速に強くなっていくコンピュータ将棋に対して、日本将棋連盟はコンピュータとプロ棋士の対戦をおこなうと表明しました。日本将棋連盟というのはプロ棋士の人たちが所属している団体のことです。

コンピュータは、最初は女流棋士（2010年10月）、そして続いて現役を引退している棋士と対戦（2012年1月）、勝利していきます。そして将棋連盟はとうとう現役のプロ棋士を人間側の代表として選出することを発表しました。これが電王戦の始まりです。

電王戦の舞台では、初めて現役のプロ棋士たちとコンピュータ将棋プログラムたちが戦うことになりました。

現役のプロ棋士は100名以上いるプロ棋士のなかから将棋連盟が選んだ精鋭5名です。そしてコンピュータ側も50チーム近くが戦うコンピュータ将棋の大会で優秀な成績を収めた5チームです。もちろんポナンザもそのなかにいます。

初戦は、コンピュータ側の猛攻を人間側がサラリとかわして、勝利しました。そして次の戦い（2013年3月30日）が、ポナンザvs佐藤慎一四段（当時）です。

そのときのマシンは数台のマシンを並列につないだコンピュータクラスタマシンと呼ばれるもので、その上でポナンザを実行しました。ポナンザはコンピュータクラスタマシンでも通常のデスクトップ・ノートPC、そしてスマートフォンでも動作は可能です。

このコンピュータクラスタシステムの上で、ポナンザは1秒間におよそ4000万局面を読むことができました。当然ながら、私自身が戦ってもこのときのポナンザには手も足もでません。

しかし、プロ棋士というのは、将棋を指す人にとって本当に特別な存在です。

プロ棋士になるのには基本的に奨励会というところに在籍する必要があります。奨励会というのは、プロ棋士養成機関です。そこでプロ棋士を志す少年少女たちが、日夜将棋に明け暮れるなか、プロ棋士になれる人は年間4人ほど。ほとんどの人たちは途中で脱落していきます。

佐藤四段も当然ながら、奨励会をくぐり抜けてきた猛者の1人です。私もポナンザには自信を持っていましたが、どのような結果になるかはわかりませんでした。ただ、予想される強さのレベルからポナンザがまったく歯が立たない相手ではないことはわかっていました。

しかし世間の雰囲気は、とくにコンピュータ将棋に詳しくない人たちは、プロ棋士の勝利を予想していたと思います。

午前中から対局が始まります。佐藤四段は和服を着て対局場にきました。棋士が和服を着て対局に臨むことは、極めて本気であることを表しているのです。真剣勝負の将棋です。

序盤はポナンザがリードを奪います。かなり有利になったので、私は勝てるんじゃないかと思い始めました。しかしポナンザが予想していなかった勝負手を佐藤四段が指し、そこから勝負の行方は混沌としてきました。

ポナンザが意味のわからない手順を指していて正直ダメかと思う局面もありましたが、佐藤四段も決めきれずにずるずると戦いが長引き、夜までもつれ込みます。

こうなると正直、コンピュータの舞台です。なぜならコンピュータは疲れを知らず、そしてなにより、コンピュータは真の意味で絶対に諦めません。ポナンザの粘り強い指しまわしに、佐藤四段にわずかずつミスが出てきて、最後はとうとう佐藤四段の投了となりました。

現役プロ棋士がコンピュータに敗れるという、将棋の世界、そして日本のコンピュータ科学において重要な日となったのです。

対局が終わり、そのあとすぐ記者会見がおこなわれました。記者会見のときの雰囲気は正直ゾッとするようなものでした。

異様に沈んだ雰囲気。まさにお葬式と同じ空気でした。それも不思議ではなく、その日はプロ棋士の絶対神話が死んだ日だったのです。

佐藤四段も含めた何人かのプロ棋士の人々が、口々に負けて申し訳なかったという趣旨のことを述べます。私も「今日は日本の情報科学にとって大事な日だ」とかろうじて言うことができましたが、会場の雰囲気に飲み込まれてしまいました。

最後に全員で退席するときになって、私は佐藤四段に握手を求めました。佐藤四段は顔面蒼白ながら、ためらいがちに私と握手をしてくれました。彼の手が汗で濡れていたことをよく覚えています。

後日、佐藤四段のブログのコメント欄は、将棋プログラムに負けたことを非難するコメントであふれかえりました。将棋ファンのコンピュータ将棋に対するアレルギー反応が、強烈なものであることを認識せざるをえない事件でした。

ただただ、楽しくコンピュータ将棋を作り、人工知能と向き合ってきた私でしたが、このとき以降、人間というものにも向き合わねばならなくなったのです。

プログラマからの卒業

プログラムというものは、昔はプログラマがすべて書いていました。正確には、今でもほとんどのプログラムはプログラマが書いています。でも、ポナンザを含めて今の将棋プログラムは違います。現代の人工知能のプログラムにはなにかしら機械学習の部分があるのです。

もちろんまだプログラマが書いている部分も少なくありません。大雑把にいうと、将棋のルールや基本的な部分（王手は注意したほうがいいとか）、そして未来をエミュレート（推測）する部分は将棋プログラマが書いています。もちろんこれは非常に大切なことで、ここが正しく作られていないと強いコンピュータ将棋は作れません。

図 1-20　現在の人工知能

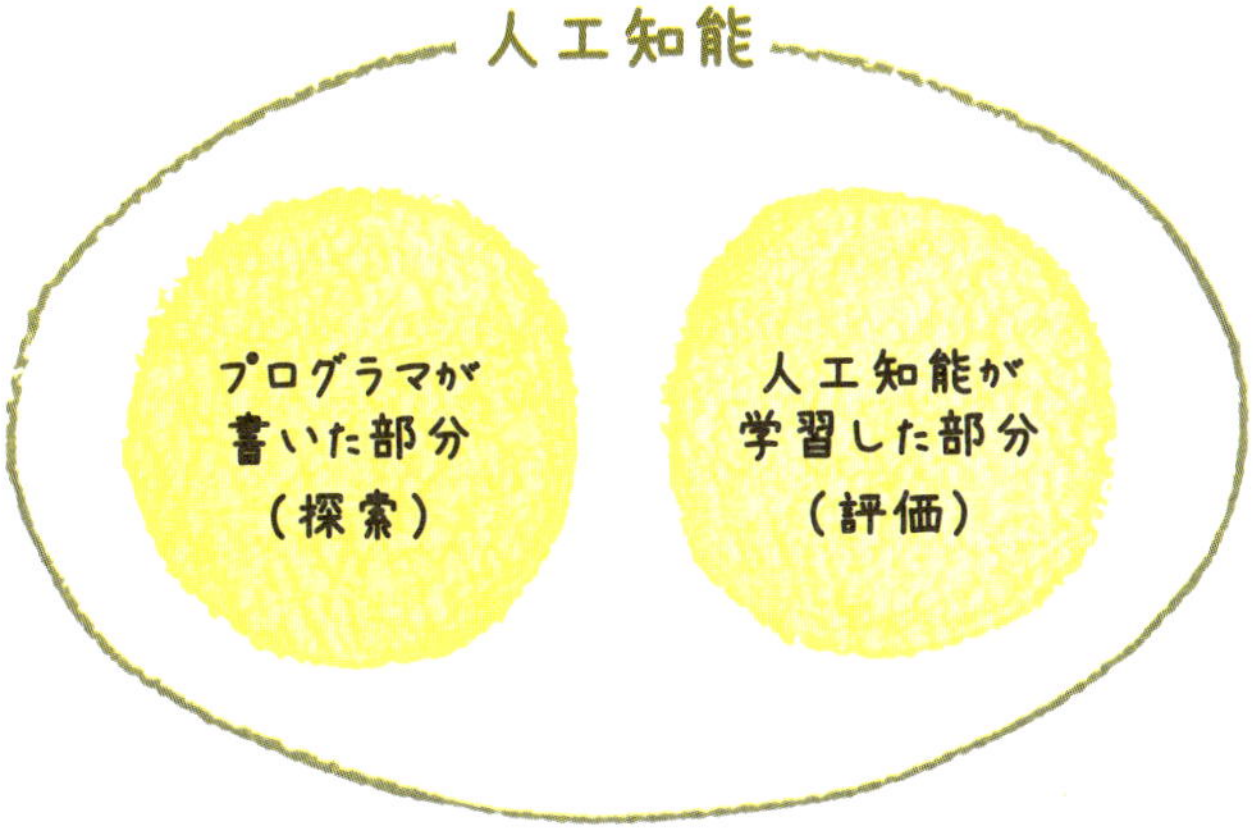

▲ 今の人工知能は、プログラマが書いた部分と人工知能自身が学習した部分で構成されている。「探索」にあたる部分は主にプログラマが書き、「評価」にあたる部分は人工知能が担当する。

しかし、将棋の戦法や囲いといった評価にかかわるものは、現在ではプログラマたちは一切書いていません。そういった将棋の知識をプログラマたちが書いてもうまく書けないことは本章でお話ししましたね。そのかわり、将棋プログラム自身が機械学習をして将棋の知識を習得していきます。

話をまとめると、現在の将棋プログラムはプログラマ自身が書いた部分とプログラムが機械学習で学習した部分の２つで作成されているということです。

結果として将棋プログラマの主な仕事は、いかに上手に将棋プログラムを機械学習させるようにするかということになっています。いわば勉強そのものでなく、勉強の仕方を教えるようなものです。

もう今さら、将棋の評価を人の手で調整する理由はありません。コンピュータに機械学習をさせたほうが圧倒的に速く正確だからです。今までプログラマしかできなかった評価を作る部分は、人工知能自身の仕事にとって代わられたのです。

本書ではこのような形の人工知能の進歩を、「卒業」と表現しています。人工知能はプログラマから卒業したのですが、卒業はこれで終わりではありません。人工知能が卒業したもの、これからしなければならないものは、まだまだたくさんあります。本書は、そうした「卒業」を解説する本とも言えるのです。

次の章ではまた新しい「卒業」――人工知能が科学から卒業する話をします。いったいどういうことなのでしょうか？

第2章

黒魔術とディープラーニング

——科学からの卒業

機械学習によってもたらされた「解釈性」と「性能」のトレードオフ

第1章では機械学習という技術によって、人工知能がプログラマから「卒業」したことをお話ししました。この卒業は、人工知能の開発を飛躍的に進歩させたのですが、同時に科学者やプログラマは困った状況になりました。

それは、「解釈性と性能のトレードオフ」——つまり人工知能の性能を上げるほど、なぜ性能が上がったのかを説明できなくなる、ということです。この傾向は、すでに人工知能の開発における前提や、一種の原則のようになっています。

理由がわからないのに強くなる。人工知能という現代科学の最前線で、なぜそんなことが起きているのか。これからはその説明をしていきましょう。

突然ですが、皆さんは「黒魔術」という言葉をご存知でしょうか。おとぎ話やファンタジーの世界で、魔女が不思議な薬を作るときに使われるような魔法のことです。ぐつぐつと煮えたつ大鍋の前に立ち、意味不明な呪文とともに材料を投げ入れると、煙とともに目的の妙薬ができる……そんなシーンをアニメ作品で観たことがある人も多いと思います。

驚かれるかもしれませんが、この「黒魔術」は機械学習の世界でもスラングとして定着しており、どうやって生まれたのか、あるいはなぜ効果が出るのかわからない技術の総称となっているのです。

当然ながら、人工知能を研究する学問分野である情報科学は、もともと論理や数学が支配する世界でした。理由や理屈がすべてを説明できる世界だったということですね。しかし、現代の情報科学では（とりわけ人工知能の分野では）、だんだんと黒魔術の影響力が強くなってきています。

黒魔術化しているポナンザ

黒魔術の影響は、当然ポナンザにも及んでいます。ポナンザは私が開発したプログラムなので、細部まできちんと考えて作っています。しかも私は、将棋プログラムという狭い領域のことなら、世界でもトップレベルによく理解しています。

それでも、ポナンザにはたくさんの黒魔術が組み込まれており、すでに理由や理屈はかなりの部分でわからなくなっています。

「プログラムの理由や理屈がわからない」とは、たとえばプログラムに埋め込まれている数値がどうしてその数値でいいのか、あるいはどうしてその組み合わせが有効なのか、真の意味で理解していないということです。せいぜい、経験的あるいは実験的に有効だったとわかっている程度です。

もう少し具体的に説明してみましょう。

現在のポナンザの改良方法は、なんらかの新しい改良を考えたら、それを適用したポナンザと以前のバージョンのポナンザを3000試合ほど自動で対戦させるというものです。このとき、新しいポナンザの勝率が52％以上の場合は新しい改良が採用されるという方針をとっています。

私が3000試合の将棋の内容を個別に見ることはなく、統計処理をして計測しています。正確には、将棋の内容を吟味しようにも対局の勝因や敗因がわからないので、吟味できません。すでにポナンザの棋力は、私のレベルをはるかに上回っているからです。

しかも、「改良した作業」とポナンザが「強くなったこと」が、将棋のプレイヤーとしての感覚からは大きく乖離していて、理詰めではその差を縮めることができません。うまくいった改良がどこでどう有効に働いたのか、全然わからないのです。

加えてこういった改良の成功率は、今までの経験則によると2％以下です。なんらかの改良をしても、強くなることが確認できるのは100回に2回もないということですね。

そんなわけで、現在のポナンザの改良作業は、真っ暗闇のなか、勘を頼りに作業しているのとほとんど変わりがありません。これは絶対うまくいく、と思った改良が成功しないことは日常茶飯事で、たまたまうまくいった改良をかき集めている、というのが実情です。そのため、たまたまうまくいった改良は、私から見るとますます黒魔術のように見えるのです。

黒魔術の1つ「怠惰な並列化」

なぜかうまくいった改良＝黒魔術の具体例を1つ紹介しておきましょう。**「怠惰な並列化」**というものです。これは私が発見したものではありませんが、将棋・チェスのAI開発の界隈では有名な事象で、ポナンザもこれを取り入れることで格段に強くなった重要な黒魔術です。

そのために、まずは近年のCPU事情について解説したいと思います。少しだけ専門的になりますが、ご容赦ください。

皆さん、CPUという単語は聞いたことがあると思います。CPUは「セントラル・プロセッシング・ユニット」（Central Processing Unit）の略で「中央処理装置」という意味です。その名のとおり、PC全体の処理や計算をおこなう「頭脳」の部分ですから、その良し悪しがPCの性能に直結することになります。

ちょっと昔まで、CPUはものすごい速度で進化していました。18か月が経過すればCPU内のトランジスタ（網の目状の集積回路）の数は倍になり、性能が向上するという研究開発の流れが続いていたのです。ソフトウェアはその流れに乗っかるだけで、同じコードでも勝手に高速に動くようになるという状態でした。

ちなみに、将棋AIにおいて、コンピュータの処理速度は決定的に重要です。2倍速度が違えば、同じソフト同士でも7～8割の勝率で勝てるようになりますから、コンピュータ将棋の開発者も、ちょっと前まではフリーランチ（タダ飯）＝ラクをしていても強くなれる状況でした。

しかしインテルなどのCPUベンダーの巨人たちは、10年前くらいにそれまでの延長線上でのCPUの開発に、ある程度見切りをつけました。性能の向上を支える集積回路の微細化に、技術的な限界が近づいてきたからです。

そこで生み出されたのが、「マルチコア化」という技術でした。これは言うなれば、1つのCPUに2つ以上の脳みそ（コア）を乗せるようなものです。その後、従来と同じコアが1つだけのCPUはシングルコア、2つのCPUはデュアルコア、4つのものはクアッドコアと呼ばれるようになります。

マルチコアの何がすごいかというと、これまで1つの脳みそで処理していたことを2つ以上の脳みそで処理できるということです。これを**「並列処理」**といいます。

並列処理が大幅な性能の向上をもたらすことは、直感的にイメージできるのではないでしょうか。実際、一部のプログラム、ソフトウェアはその恩恵をこうむりました。

しかし、です。将棋プログラムについては、最近まで並列処理による効率化は思ったほど効果を発揮しませんでした。その理由の詳細はここでは説明しませんが、将棋の手の探索という作業においては、通常の「複数のコアが協力して1つの処理をする」という形での並列化が、あまりうまくいかなかったのです。

レストランの調理場にたとえれば、通常の並列化は、複数のシェフが協力して1つの料理を作ろうとするものです。これはたしかに速く料理ができそうですよね。

ただし、それもシェフの人数次第です。

1人前の料理を2人のシェフが協力して作るなら問題ありません。実際、将棋プログラムでも2コアでの並列処理のときは非常に効率よく探索できます。でもシェフが、8人、16人、あるいは64人になったらどうでしょうか？　ここまでくると、むしろどんどん効率が悪くなりそうですよね。そもそもキッチンが人であふれかえってしまいます。

実際に将棋プログラムでも、ある程度のコア数以上での並列処理は、性能の向上が極端にしにくくなります。下手をすると、並列処理をしたせいで性能が劣化したりもしていたのです。

ところが、ここ3年くらいで新しい探索方法が生まれました。正確には昔からあった方法が見直されたというのが正しいかもしれません。それが「怠惰な並列化」です。

この手法はとても単純で、ものすごく簡単にいえば「複数のコアがバラバラに1つの処理をする」形での並列化なのです。怠惰な並列化は、複数のシェフが別々に競い合って、1つの料理を作ろうとするものです。そしていちばん速くできた料理をお客様に提供します。

もちろんまったく独立で作るわけではありません。各コアは別々に作業するのですが、各コアがたまたま発見できたよい情報は全体で共有されます。このへんのゆるい協力関係を「怠惰」と表現しているのだと思います。

この「適当によい情報を共有し合う方法」がなぜうまくいくのか。いろいろな説明が考えられます。でも、その理由を完璧に説明することは専門家にも容易ではありません。あえて説明をするなら、「実験してみたらうまくいった」くらいでしょうか。まったく説明になってないともいえますが、ある意味ではこれ以上の真実はないのです！

以上がポナンザと黒魔術のお話でしたが、ここではっきりとお伝えしておきたいのは、私が黒魔術を嫌っていたり、ポナンザが黒魔術化することを恐れているわけではないということです。

なぜならポナンザは、私よりもはるかに強い将棋のプロ棋士たちを相手に戦うために設計されているからです。今の人工知能というものはプログラマの直感や予想された性能を逸脱することが求められています。だからポナンザは私の理解の及ばない範囲にいてくれなければならないのです。

ディープラーニングで人工知能が急速に発展する

いま人工知能ブームが到来しています。このブームの立役者は間違いなく機械学習です。それまでの「人が機械に教え込む」という作業では限界があったのを、機械学習によって、機械自身が知識を獲得するようになったことが大きな転換点でした。

皆さんが普通に使っているインターネットにおける検索も機械学習の結果です。写真を撮るときに顔を認識してくれる機能もやはり機械学習の力です。もはや機械学習は一部のIT企業、製造業においてなくてはならないものになっています。現代において、人工知能と機械学習はかなり近い意味を指すようにもなっているのです。

そして機械学習の分野では、ここ数年で大きなブレイクスルーが何度もありました。その中心にあったのが、「深層学習（ディープラーニング）」です。

グーグル傘下のディープマインド社が作った囲碁プログラム「アルファ碁」が世界トップクラスの囲碁棋士、イ・セドルを破ったことは、皆さんの記憶にも新しいところだと思います。アルファ碁は当時のほかのコンピュータ囲碁プログラムのレベルをはるかに超える力を持っていました。その力の源泉には、機械学習の一手法であるディープラーニングが大きく関係していたのです。

今や、世界のコンピュータ科学者たちがディープラーニングの研究に没頭しており、毎日のように新しい技術や手法が発表されています。正直なところ、私自身も今のディープラーニングの進化を全部フォローすることは、とてもじゃないけれどできない状態です。

おそらく人工知能ブームは、ディープラーニングの潜在能力の限界に到達するまで継続するでしょう。そして今のところ、その潜在能力がどれくらいあるかはよくわかって

図2-1 ディープラーニングは「機械学習」の一種

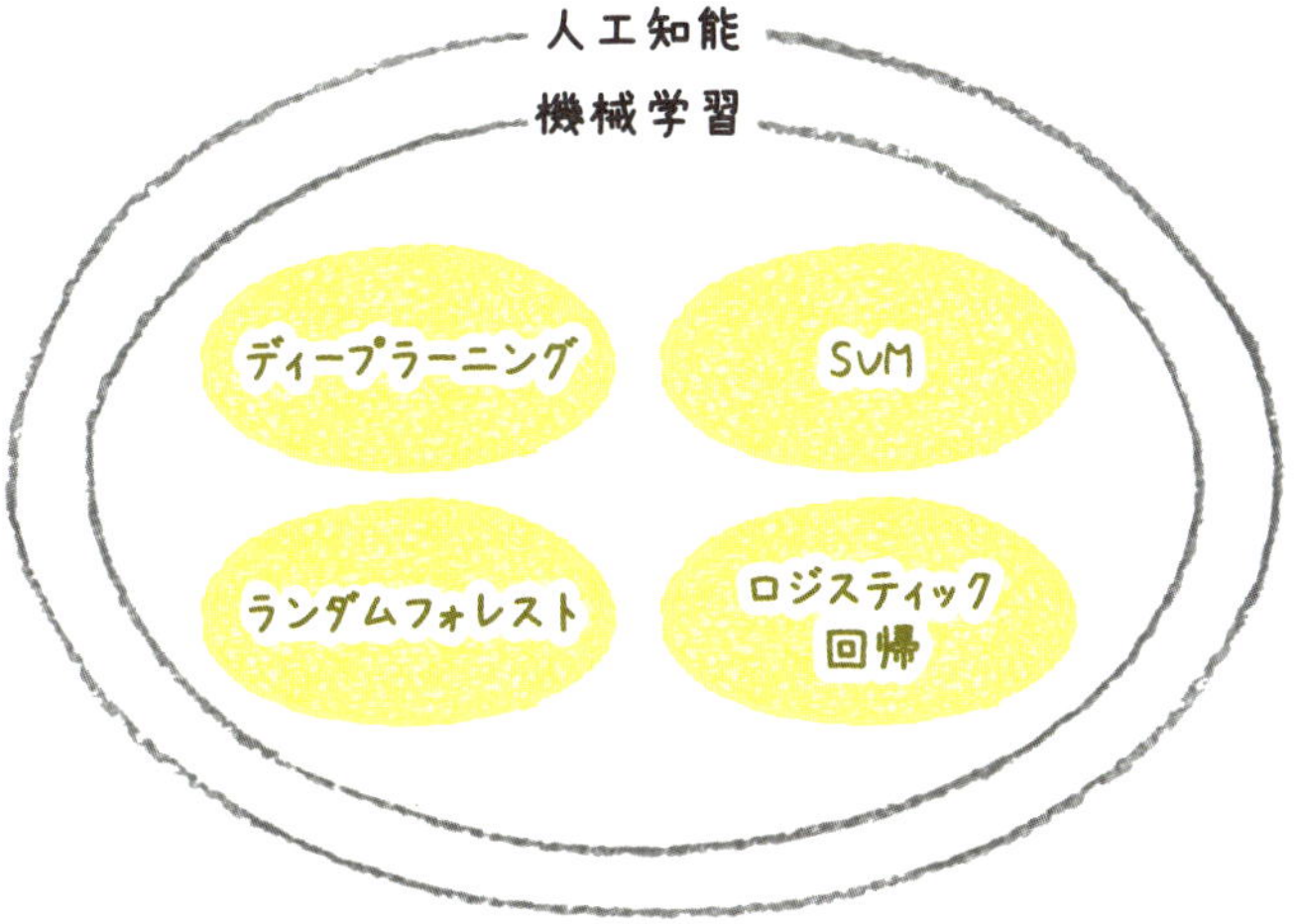

▲ 機械学習にはさまざまな手法がある。ディープラーニングはそのうちの1つ。

いないのです。

ちなみに、たまに誤解をされるのですが、ポナンザにはディープラーニングは使われていません。ポナンザはディープラーニングと同じ機械学習の技術の1つである、ロジスティック回帰という手法を中心に構成されています。

ロジスティック回帰というのは、乱暴に言えば正確性よりも速さや軽さに優れた手法なのですが、1秒間に何百万もの局面を読む必要がある将棋には今のところ最適なのです（一方、ディープラーニングは画像の判別に最強の力を発揮しますが、あまり速くはありません)。

もちろんこの原稿を書いた時点でのポナンザの話ですので、今後はどうなるかわかりませんが……。

ディープラーニングのしくみと歴史

いま世界中でもてはやされているディープラーニングですが、10年前、私が研究を始めた頃はさんざんな扱いでした。

ディープラーニングの前身の技術の名前は「ニューラルネットワーク」といいます。ニューラルネットワークは英語で「神経回路」という意味です。

ニューラルネットワークの概念はコンピュータが生まれるのとほぼ同時期に生まれました。つまり70年ほどの歴史をもっています。コンピュータの手法で、これほど歴史があり、かつ現代でも使われているものはほとんどありません。

このニューラルネットワーク、昔から多くのコンピュータ科学者たちを魅了してきました。なぜなら、ニューラルネットワークは人間の脳の神経網を模して作られているからです。

そんなもの、科学者にとってはかっこいいに決まっていますし、脳に近い構造ということで、直感的に成功しそうに思えたのでしょう。

しかし科学者たちの予想を覆し、結果は散々なものでした。70年近くにわたって、ニューラルネットワークはほとんど何も成果を出すことができなかったのです。

たとえば図2-2のように、画像にコップがあることを判定するニューラルネットワークを作る場合を考えてみましょう。入力の画像のピクセルをそのまま2層のニューラルネットワークに与えて、コップかどうかを判定させるとします。

このときは、ニューラルネットワークの層の数が少ない、つまり浅過ぎたので、正解させることはできませんでした。

これはまあシンプル過ぎる例なのですが、基本的にはこれ以上の進展がニューラルネ

図 2-2　ニューラルネットワークの模式図

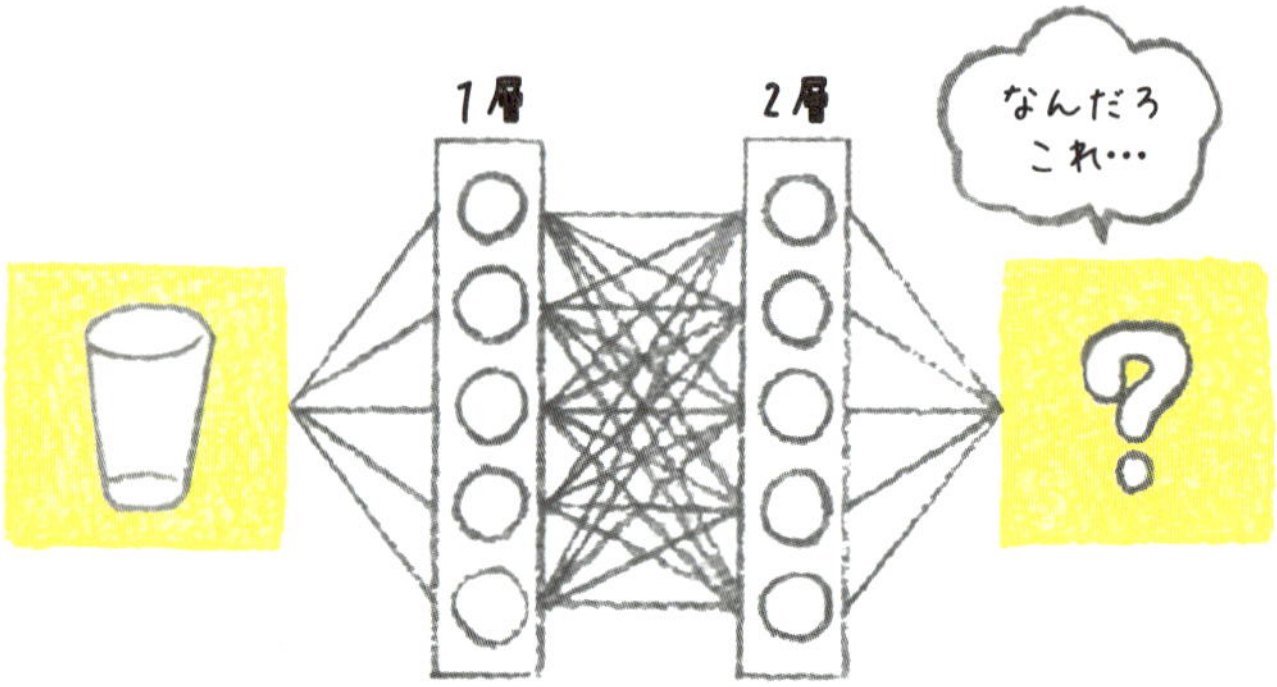

▲ 初期のニューラルネットワークは層の数が“浅く”て、コップと正解することができなかった。

ットワークには起こらないまま、ほかの代替手法が性能を上げていきました。

層が浅過ぎたなら、深くすればよいのでは？　と考えるかと思います。たしかに当初から、ニューラルネットワークは層を重ねれば（深くすれば）、性能が大きく向上することが予言されていました。

しかし実際には、層を深くすると使い物にならないことが何度も確認されました。層を深くすると、学習がどんどん難しくなっていきます。昔の技術では、層と層のあいだで情報を伝播させる方法を確立できていなかったので、5層よりも深い場合はほとんど学習できなかったの

図 2-3 ニューラルネットワークからディープラーニングへ

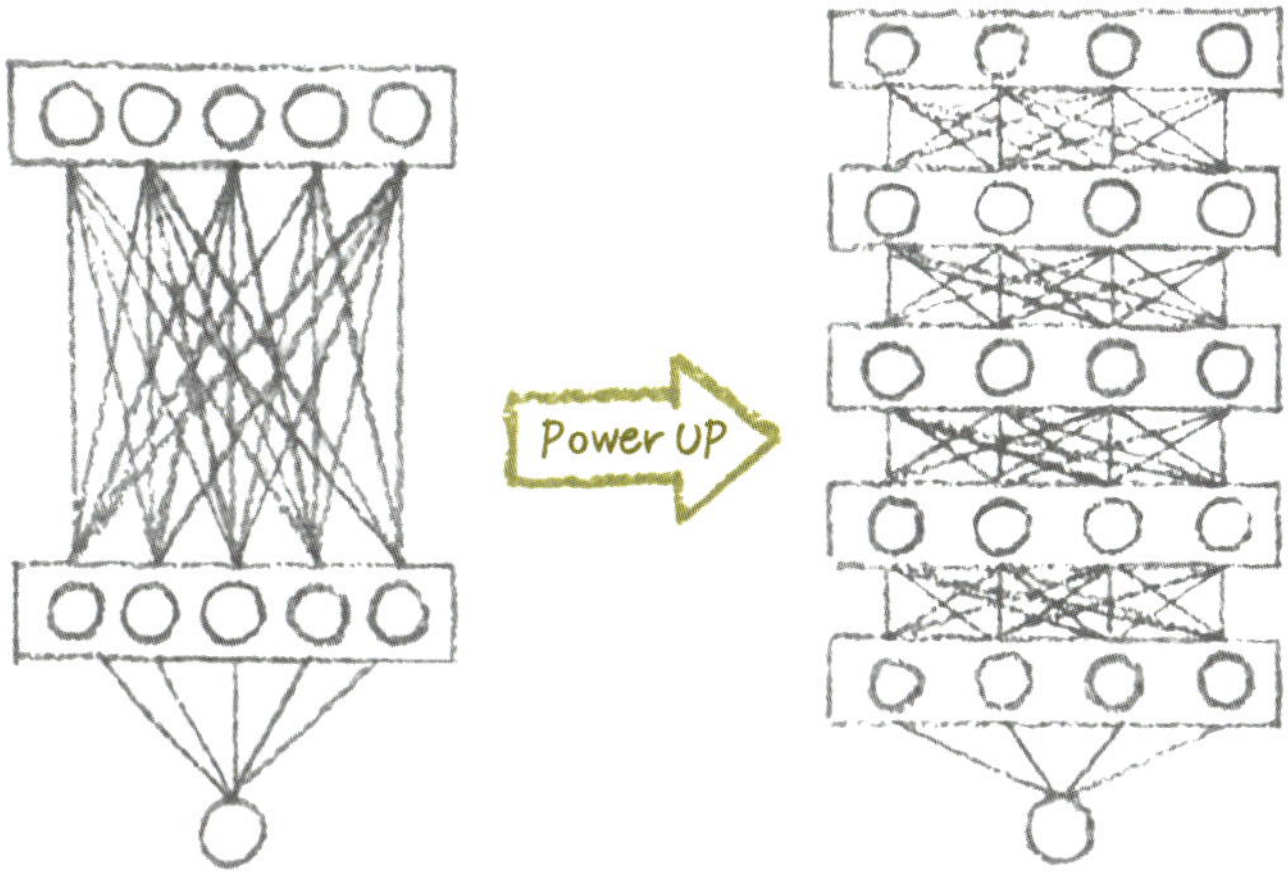

▲ 層を重ねてもうまく学習できるようになった。

です。

いつしかニューラルネットワークは研究者のあいだで、新米研究者が名前につられて手を出してしまうけれど成果を出せない、「初心者の落とし穴」という烙印が押されていました。少なくとも10年ほど前の機械学習の世界に、そういう空気があったのは間違いないでしょう（懺悔をすれば、私もそう思っていました）。

しかし世間の空気に負けず、粘り強く、本当に粘り強くニューラルネットワークと格闘してきた研究者たちがいました。彼らの手によって、2006年頃から、ニューラルネットワークを何層も深く重ねた学習に成功したという論文が複数発表されます。

「ディープラーニング」という名前はこのときに誕生しました。何層も「ディープ」に層を重ねたから、ディープラーニングというのです。

人工知能に限らず、研究というものは進むべき道、鉱脈さえわかってしまえば、驚異的な速さで進展するものです。

その後、ディープラーニングは、画像に何が写っているかをコンピュータに判別させる問題で、既存の手法をはるかに上回る性能を出すようになりました。もうすでに、画像に写っているのはゴリラか否か、というような問題は人間より得意になっています

（この話題はまたのちほど解説しますので、ひとまずこの辺で）。

ディープラーニングを支える黒魔術、「ドロップアウト」

誕生から10年が経ち、ディープラーニングは著しく複雑化しました。一定の規模のディープラーニングでは、もう全体がどのような理屈で動いているかを明確に説明できる人はいないでしょう。もちろん細部や個別のしくみは理解できているのですが、それらを組み合わせると、なぜ今のパフォーマンスを発揮できるのかが、わからないのです。ディープラーニングは、その存在自体が黒魔術のようになっている、と言うこともできます。

またディープラーニングにおいては、層がディープになってもちゃんと機能するよう、無数の黒魔術も生み出されました。これらも人工知能の進化に欠かすことのできない技術なのですが、そのすべてを伝えるのは本書の趣旨から外れてしまいます。ここでは1つだけ、**「ドロップアウト」**という黒魔術の概要だけを皆さんにシェアしてみましょう。

ドロップアウトとは、一言でいえばディープラーニングの**「過学習」**を防ぐ技術です。過学習は、ディープラーニングを理解するうえで重要な概念なので、そこから説明しますね。

ディープラーニングは本当にすごい武器です。正確にはすご過ぎる武器です。画像として認識できるものなら、どんな入力と出力のペアでも学習できるのでは、と言われるくらいです。

でも、入力と出力のペアを丸暗記させてしまってはダメですよね。第1章でもお話ししたように、どれほど丸暗記したところで、未知の将棋の局面や未知のコップの画像がこれからいくらでも出てくるのですから。

しかし、ディープラーニングは放っておくと「丸暗記」で解決しようとします。5万個のコップの写真（データ）があったら、その5万個の形をそのまま暗記し、絶対に間違えないように努力してしまいます。この状態を専門用語で「過学習」と言うのです。

丸暗記したディープラーニングは、学習した問題を非常によく解けるようになります。一方で、まったく未知の問題には、丸暗記すればするほど正解率が落ちていきます。これがすべての人工知能の研究者が恐れる「過学習」の状態です。

テストや受験のときの記憶が蘇った方もいると思いますが、人間でもコンピュータでも、丸暗記はダメなんですね。

図 2-4　ディープラーニングの難題「過学習」

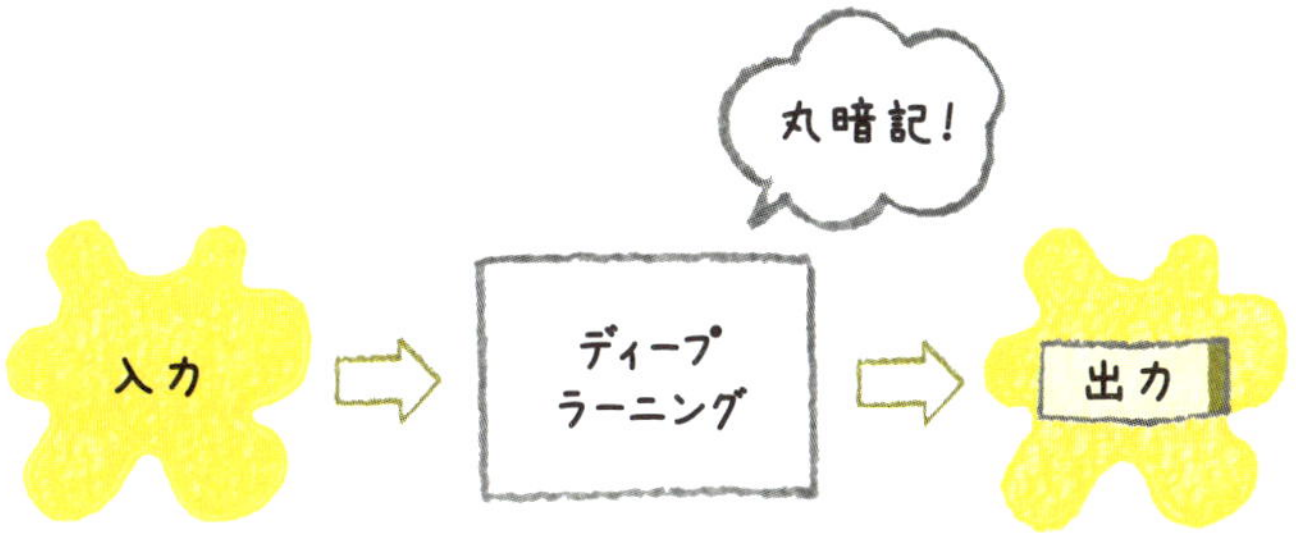

▲ 能力があり過ぎるディープラーニングは問題を「丸暗記」して解いてしまう。

では、どのようにして「過学習」を防げばよいでしょうか。

それには、ディープラーニングが暗記ではなく、特徴を抽出するように仕向ければいいのです。つまり、何かしらの本質をつかめる状態にするとよいということです。

そこで出てくるのがドロップアウトです。ドロップアウトという言葉は、日本語の会話でもたまに使われますよね。組織などから「ドロップ」する、つまり「抜ける」という意味です。それと同じく、ディープラーニングが学習中に、参加しているニューロンをところどころランダムにドロップアウトさせるのです（ここで言うニューロ

図 2-5　**ドロップアウトのイメージ**

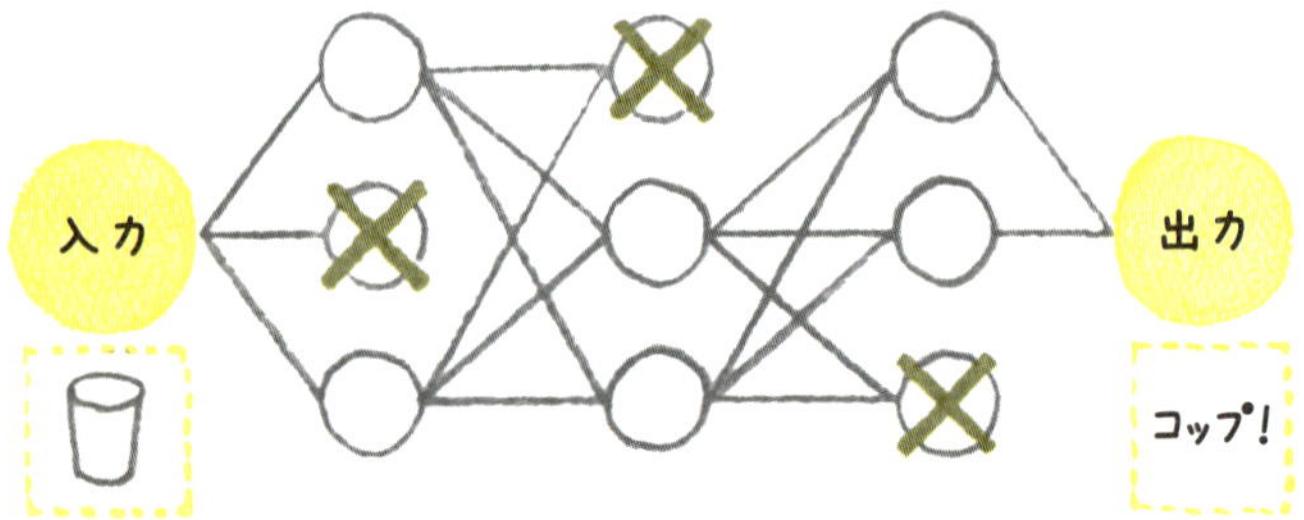

▲ ディープラーニングの学習中に、ランダムにニューロンを離脱（ドロップアウト）させる。

ンは、ディープラーニングの各層における、人間の脳のニューロンに当たるものという意味です）。

学習中にランダムにニューロンをドロップアウトさせられるのは、当たり前ですがディープラーニング側にとって厳しい状態です。とても「丸暗記」はできません。そこでディープラーニングは、必死になって入力の特徴をつかもうとするのです。

このように書くと「そんなものか」と思われるかもしれませんが、なぜドロップアウトさせると、ディープラーニングは必死になって入力の特徴をつかもうとするのか、正確な説明はとても難しい。まさにこれも黒魔術なのです。

力があり過ぎるディープラーニングをわざと学習困難にして、逆にその実力が発揮できるようにする、というのはとてもおもしろい考え方ですよね。

（最後に付け足しで。ドロップアウトは、あくまで多数あるディープラーニングの黒魔術の1つです。しかし大筋では、ディープラーニングの黒魔術たちは過学習を防ぐことを大きな目標としているものが多いようです。）

今、ディープラーニングはどれくらいのことができるのか？

それでは、黒魔術の塊であるディープラーニングは、今どれくらいのことができるのでしょうか？

現在ディープラーニングの活躍の場はどんどん広がっており、私にも全貌を把握するのは困難です。しかも日々、新しい技術が生まれていると言っても過言ではない状態です。

そのためディープラーニングの今後を占うことは困難ですが、**「言葉」**と**「音声」**と**「画像」**が大きな応用先であることは間違いないでしょう。なぜなら、人間にとってもこの3つの入力と出力が知能の発展に極めて重要だからです。知能とは「言葉」「音声」「画像」の3つが自在に扱えること、と言うこともできるくらいです。

当然、これらの入力と出力は経済やビジネス的な観点からも非常に重要です。そしてディープラーニング以外の方法論でこれらを解決するのは、(少なくとも現在は)相当に困難です。以下、3つを順番に見ていきましょう。

▼言葉

まずはディープラーニングの「言語認識」の技術です。

グーグルが以前より「グーグル翻訳」として、さまざまな言語間の翻訳サービスを運用していたのはご存知だと思います。このグーグル翻訳で、2016年11月よりディー

図 2-6　グーグル翻訳の表示（2016 年 12 月 5 日時点）

▲ 日本語にはなかったバッグの所属に関する情報を自動的に付与している。

プラーニングが使われるようになったのです。

図２−６を見てください。ディープラーニングが導入されたグーグル翻訳の画面です。

「父は母がバッグを忘れたことを怒った」と、日本語では誰のバッグであるか明示的には書かれてはいません。

それが英語だと「My father got angry that my mother forgot **her** bag.」となり、バッグに関する情報をディープラーニングが適切に付与しているのがわかります。

従来版のグーグル翻訳も機械学習の手法を取り入れていたのですが、そのときには不可能な翻訳でした。

それが、ディープラーニングを採用した新モデルでは、同じ文のほかの単語とのつながりをもとに文脈を学習し、全体を見てそれぞれの単語をどのように訳したらよいのかを決めるしくみになりました。これによって言語間に構造的に存在する情報の不均一を見事にカバーし、従来版よりも正確度の高い訳文の候補を見つけ出せるようになったのです。

現在ディープラーニング翻訳の実力はかなり上がってきており、口語ではない文章はそろそろ実用レベルが見えてきたかもしれません。

▼音声

次はディープラーニングによる「音声認識」の実力の確認です。

現在、英語や中国語などの言語では音声によるスマートフォンへの入力はかなり一般的になっていますが、日本では、日本語の五十音の文字列がスマートフォンでのフリック入力に適しているおかげもあって、あまり利用されていないようです。

しかしこの音声入力の精度は、すでに相当なレベルに達しています。音声入力にディープラーニングを取り入れたグーグルは、わずか1年で音声認識の誤認識率が23％から8％に下がったことを発表しました（2015年5月時点）。また、2016年11月の半導体メーカーNVIDIA（エヌビディア）の記事によると、マイクロソフトの研究者チームが音声認識の誤認率を5・9％にまで下げたことを発表しています。

実際、私もスマホで日本語の音声入力をしばしばおこなうのですが、徐々にその精度が上がっていることを実感しています。

この数字はこれからも改善されるでしょう。しかし、音声認識で大きなブレイクスルーを起こすには、あとで説明する「マルチモーダル」的な進歩をへて、人工知能が文脈を理解するようになる必要があるのではないか、と個人的には考えています。

▼画像

最後に、ディープラーニングの「画像認識」の実力を見ていきましょう。

ディープラーニングにおいて、画像は花形と呼べるものです。画像にコップやゴリラが映っているかどうかを正しく判断することは、もはや朝飯前です。今はそういったレベルだけではなく、映っている猫や花の種類は何かを特定することも可能になってきました。

また画像の判定だけではなく、画像を入力して画像を出力するということも可能です。画像を入れて画像を出力することにいったいなんの意味があるのかと読者の皆さんは

図 2-7　マルチモーダルが可能なディープラーニング

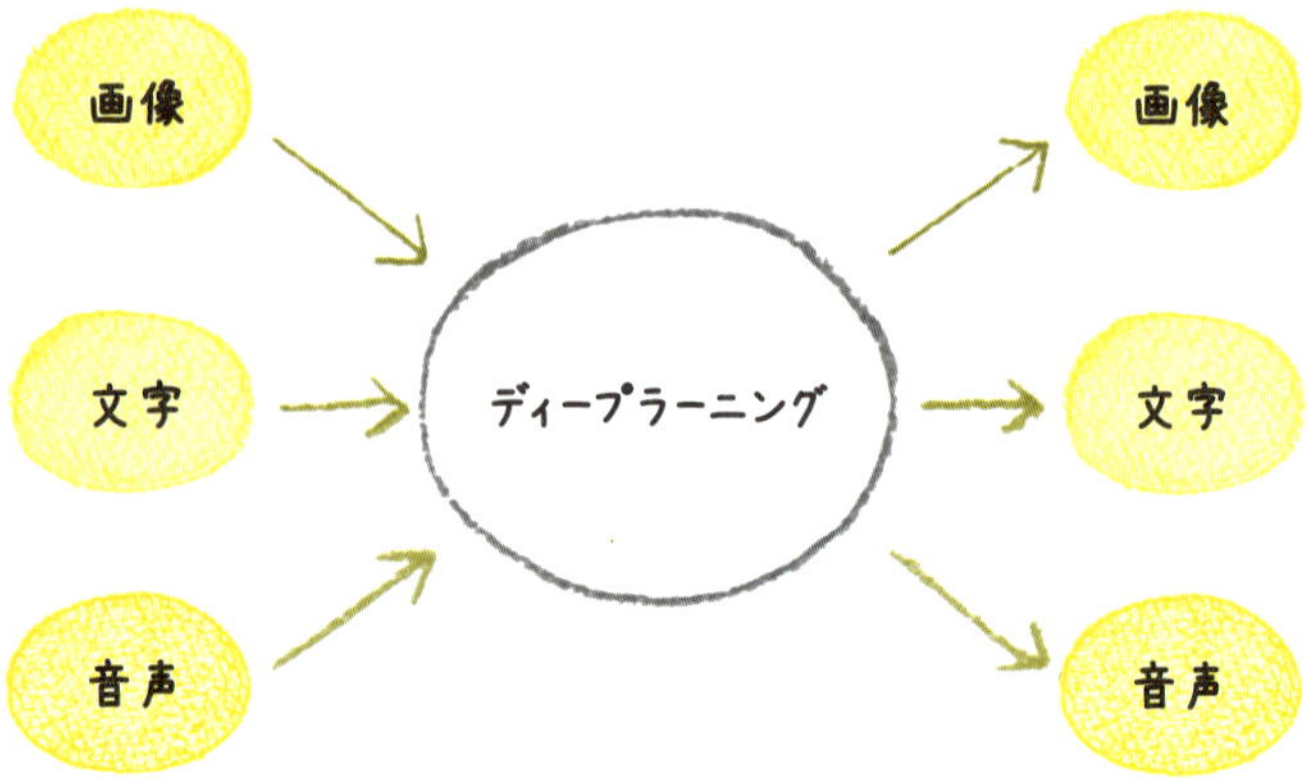

▲ さまざまな入力と出力を統一的に扱うディープラーニングは、知能の大統一理論になれるか？

思うかもしれません。

しかしたとえば、白黒画像を入れて、自動的に色がついた画像が出力されたらどうでしょうか？　現実にすでにそういった研究が多くなされていて、過去のモノクロ写真・映画が着色された例が多くあります。

また線画を着色するという技術支援もおこなわれており、すでにウェブサービスも運用されています。近い将来には、漫画家の仕事から色塗りというものが消えてしまうかもしれません。

ほかの機械学習の手法にないディープラーニングの特徴は、自由度の高い入力や出力の設計です。たとえば入力を音声にして、音声に適した画像を出すといったこともできますし、画像を入力して、適切な説明文を出力することもできます。

こういった考えを**「マルチモーダル」**といいます。まだ、最先端の人工知能でも入力と出力のルートは限られていますが、もし「入力↓出力」の経路を画像・文字・音声からそれぞれ自由に選ぶことができ、しかもそれが正確だとしたら、もはや多くの人がそれを知能と認めざるをえなくなるはずです。

ディープラーニングと知能の本質は「画像」なのか？

ディープラーニングのマルチモーダル化を実現させるかもしれない、興味深い最新の動向も紹介しておきましょう。

それは、「言語の処理も画像としておこなう」という手法の登場で、これが最近少なからず賛同者を増やしているようなのです。

そのしくみを簡単に解説するのは非常に難しいので泣く泣く省略しますが、驚くことに、このアプローチが意外とうまくいくようなのです。

この手法の評価が高いのには理由があります。それは、ここまで何度か言及したように、ディープラーニングは画像の処理が最も得意だからです。

ですから、**言語であれ何であれ、なんとか画像と結びつけることができたなら、それは一気にディープラーニングの得意な対象になり、人間を超えてしまえる**のです。

そして、画像は非常に多くの情報を表現することができます。どんなものでも画像にできれば、「縦と横の関係」として表現できるのです。そして縦と横の関係は、距離的なものだけでなく、時間的な近さすら表すことができます（数学のグラフは、距離や時間も縦軸・横軸で表現できましたね）。

ここからは完全に私の想像ですが、さらに議論を進めると、もしかしたら「知能とは画像である」と言うことすらできるかもしれません。

考えてみれば、私たちがふだん脳内で見ているのは、3次元を2次元にした画像だと言うことができます。逆に、1次元の数字の列をわざわざ手間をかけて2次元の画像（グラフ）にして解釈したりもします。

つまるところ、人間は2次元の画像にできるものしか認識できないのではないでしょうか。だから私たちは4次元の世界を認識できない、ということも考えられます。

また、人間の目は脳の付属物などではなく、目があったから脳が進化したという話もあるくらいです。人間の眼球と脳との密接なつながりは、「画像が知能の本質」であることの証拠なのかもしれません。

還元主義的な科学からの卒業

ディープラーニングの解説についてまとめましょう。

私たちが普段の教育で触れる科学は、基本的に**還元主義**でできています。それは「物事を分解し、細部の構造を理解していけば、全体を理解できる」という考え方です。科学者でなくても、この考え方に賛同する人は多いと思います。

還元主義は決して悪い考え方ではありません。たとえばあなたが時計というものを完全に理解しなければならないとしたら、まずすべての部品を分解して、歯車やゼンマイのしくみを知り、それぞれの動作を把握するはずです。そして今度はそれらの部品を再度組み立てます。そうした作業をへて、時計という機構は理解できるようになるのです。

熟練の時計職人であれば、時計がどのようなしくみで動き、どうすれば性能を上げることができるのかを明確に説明することもできるでしょう。

ただし、知能を理解するには、この還元主義的な考えではうまくいきません。

私は10年間ポナンザを作ってきたのですから、世界でいちばんポナンザのことをわかっています。でも、なぜポナンザが強いのかについて、私は１００％説明することはできません。すでにお話ししたように、今のポナンザは実験的・経験的にしか強くすることができませんし、どれだけ詳細にプログラムの細部を調べていっても、ポナンザの知能というものを理解することはできません。

ディープラーニングも同様に、還元主義の考え方では理解することができません。現代のディープラーニングは、以前のニューラルネットワークと違い、さまざまなテクニックを駆使しています。しかしそれらのテクニックはほぼ黒魔術化しています。

多くの黒魔術はまだ技術的に安定しておらず、結果を出すのに職人芸的なノウハウが必要です。自然科学ならともかく、コンピュータという基本的に同じことをしたら同じような結果を返してくれる実験環境ですら、職人芸が必要なのは不思議ですよね。

その結果なのでしょうか。以前の機械学習の現場では、数理的な数式を使った説明がたくさんありました。しかし最近の機械学習の文脈では、数式ではなく、「ディープラーニングの気持ち」について語る人が増えたと思います。

複雑過ぎて数理が見えないものに対して、人間は「気持ち」で推し量るしかないのでしょうね。私も将棋プログラムについて考えるときには、数理よりも「ポナンザの気持ちについて」推し量ることが多くなっています。

別分野の科学者にそうした状況を解説したところ、「人工知能は科学ではない」と言われたことがあります。私はその言葉に非常に納得しました。もちろん、その人は人工知能のことを批判する意味で言ったわけではありません。要素を切り分けて個別に理解していくという、還元主義的な科学の思想とは相容れないことを指摘したのです。

結局、知能というのは隠された方程式があって、それを解き明かすのではなく、どこまで行ってもモヤモヤしたよくわからないものであることを受け入れるしかない——それが今の人工知能の研究者たちの実感なのです。

このように、人工知能はプログラマからの卒業に続いて、科学の還元主義からも卒業しようとしています。次は何から卒業するのでしょうか？

第3章

囲碁と強化学習

——天才からの卒業

人工知能の成長が人間の予想を大きく超えたわけ

２０１６年３月、人工知能やゲーム情報学の世界で途方もない事件が起こりました。なんとグーグル・ディープマインド社が作成したコンピュータ囲碁プログラム「アルファ碁」が、世界トップレベルのプレイヤー、イ・セドル九段を破ったのです。しかも５戦して４勝１敗。内容的にも圧勝に近いものでした。

その後もアルファ碁は順調に実力を伸ばし続けます。２０１６年12月から２０１７年１月にかけて、囲碁のオンライン対戦をおこなうサイトで、アルファ碁は日本・中国・韓国の世界トップレベルのプレイヤーたちに60連勝してしまいました。非公式の対局とはいえ、人間にはとても不可能な偉業です。人工知能は囲碁において人類を完全に超えたのです。

このときアルファ碁が打った囲碁は世界中で研究されていますが、それは今まで人間の天才たちが作り上げてきた常識を根底から打ち壊すものでした。

２００７年に私が人工知能の研究を始めた頃は、コンピュータが囲碁で名人クラスになるのは夢のまた夢、何十年も先のことと思われていました。ディープラーニングが実用化されるようになった２０１４年頃でも、あと10年はかかると言われたのです。アルファ碁はその予想を軽々と覆してみせました。

ただ、こうした飛躍的な成長を遂げたのはアルファ碁だけではありません。私が開発するポナンザも同じように、ここ数年で周囲の予想を超える進化を遂げたのです。

なぜ、人工知能の進化は、そこまで大きく人間の予想を超えたのでしょうか？

それには2つの理由があります。１つは人間の認識の問題であり、もう1つはコンピュータの学習手法において大きな進歩を実現できたためです。この章では、この２つを順に解説していきましょう。

人間は「指数的な成長」を直感的に理解できない

皆さんは、「○○年ごとに△△%性能が上昇〜」のような文面を何度か見たことがあると思います。このような表現を、「指数的な上昇」とか「指数関数的な成長」と言います。

指数的な上昇は、図3-1のような数式とグラフで表すことができます。ほとんどの人は数学で習ったことがありますよね。

ただ、私たちが普段生活する世界では、「前年度比で何%も上昇し続ける」ものはほとんどありません。物理的な制約が成長の限界を定めるからです。そのため、私たちは指数的な上昇を正しく認識できないことがしばしばあります。

例として、ある問題を紹介しましょう。

図3-1 指数的な上昇のイメージ

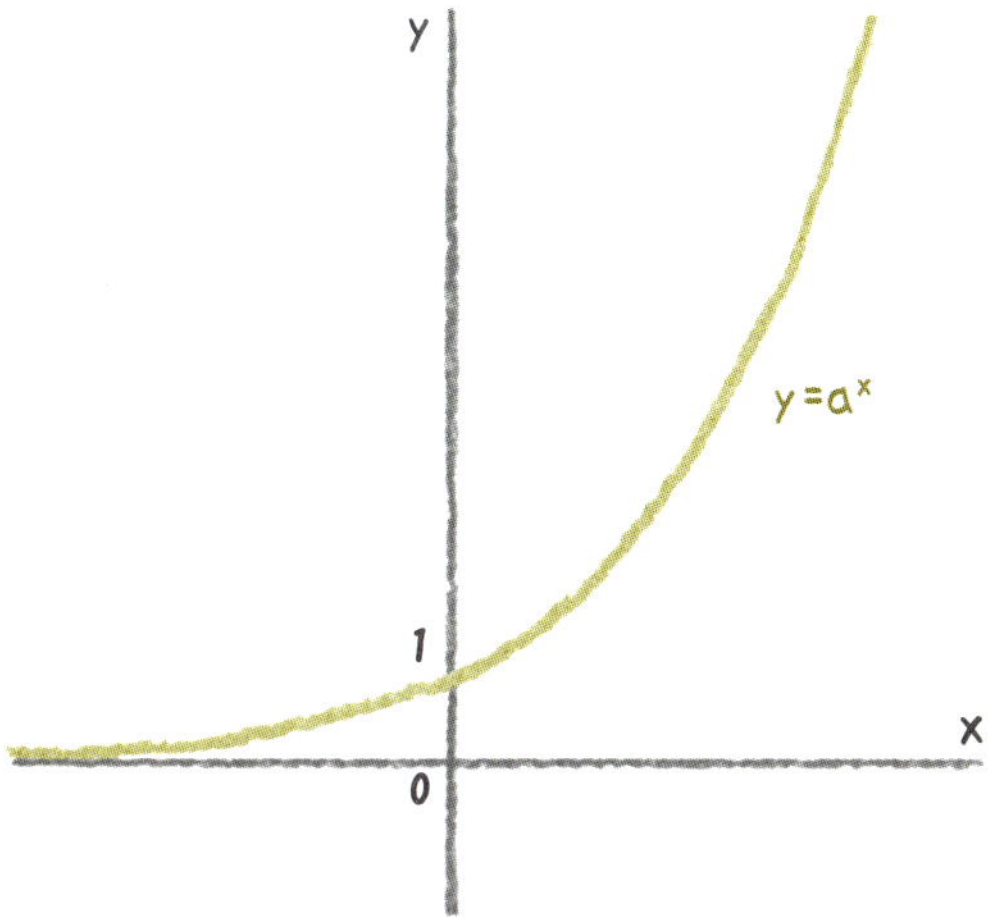

▲ xの値が増えるほど、グラフは急激に上昇していく（a＞1の場合）。

【問題】

ある細菌は、1分間に1個から2個に分裂してすぐ同じ大きさになります。

コップの中にその細菌を1個だけ入れて、経過を見ることにしました。

ちょうど1時間後、細菌はコップいっぱいにまで増えました。

細菌がその半分の数だったのは、実験の開始から何分後の時点でしょうか？

答えはわかりましたか？

細菌は1分間に1個から2個に増える……ということは1分前には2分の1、半分だったということです。ということで、正解は59分後ですね。

皆さん、ちょっと考えれば正解できたと思います（考えるまでもない、という人もいたでしょう）。でも多くの人が一瞬、「30分後くらいでは？」と思ったのではないでしょうか。人間の直感はどうしても日常的に接する線形的な上昇（1次関数的な上昇）に引っ張られてしまいます。指数的な急激な上昇を、正しく受け入れることができないのです。

しかし、コンピュータの世界では、指数的な成長は珍しいものではありません。「半導体の集積密度（≒性能）は18～24か月で倍増する」というムーアの法則は有名ですね。

この、「人間の常識」と「コンピュータの世界の常識」の違いを知ることが、人工知能とその急激な進化を受け入れるためのポイントなのです。

人類はこれから、プロ棋士と同じ経験をする

10年ほど前、機械学習を導入し始めた頃のコンピュータ将棋について、あるプロ棋士は「プロに勝てるようになるには、まだ50年ほどかかるだろう」と言いました。

これは今から考えれば不正解だったわけですが、人工知能にかかわってない人としては、いたって普通の感覚だと思います。

なぜなら、人間が将棋を始めてアマチュアからアマチュアトップになるのは大変で、アマチュアトップからプロになるのもさらに大変で、プロからトッププロになるのは、さらにさらに大変だからです。

将棋のプロだからこそ、そのことを理解しており、当時アマチュアレベルだった人工知能にも人間の〝大変さ〟が当てはまると考えたのでしょう。

図3-2　アマチュアレベルからトッププロのレベルに急速に成長した

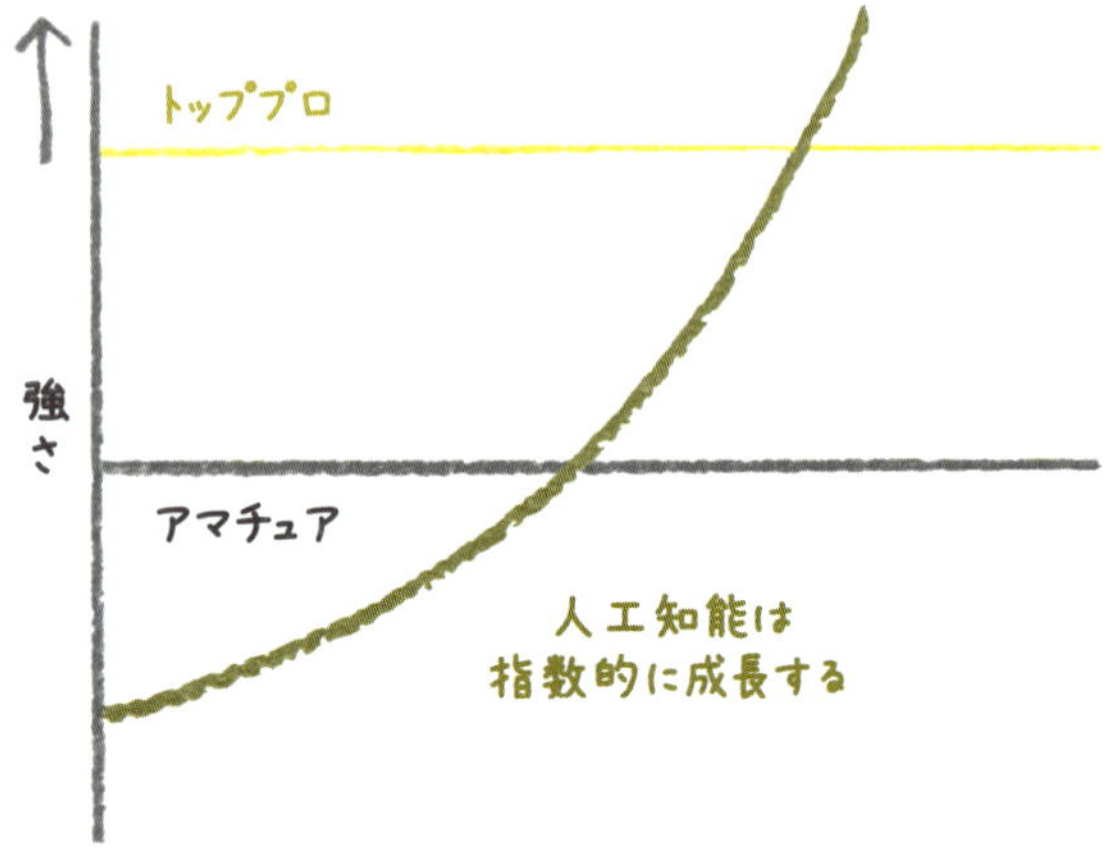

しかし、そもそも人工知能は最初、アマチュアレベルにも到底到達しないようなところからスタートしました（第1章でお話しした、最初のポナンザの弱さを思い出してください）。そこから指数的に成長し、今まさにトッププロをも抜き去ろうとしているのです。

予想もできなかったスピードとタイミングで人工知能に抜き去られる――将棋のプロと同じ経験を、これからは社会のさまざまな分野で、多くの人がするはずです。

人間のおこなっている知的な作業の多くは、今の人工知能でもできないことばかりです。しかし、もし人工知能がある知的作業を少しでもできるようになってきたら、その作業において人間の能力を上回るタイミングは、実は目前に迫っています。

先ほどの【問題】における、細菌の増え方を思い出してください。1時間かけてコンピュータが人間を追い抜くとき、人間が追いつかれたとわかるのは59分の時点であり、残り1分でコンピュータは人間よりはるか上のレベルにまで到達してしまうのです。

ここで、1つの疑問を持たれるかもしれません。

人工知能が人間を上回るのはわかった。でも、人間を上回るときにも人間の行動をお手本にしているのだろうか？　と。

ここまで、人工知能は機械学習をしており、その際は人間の行動や判断基準を参考にしていると解説してきました。第1章で「教師あり学習」という言葉を紹介したように、人工知能は人間の行動を教師として学習してきたのです。人間を超えるという偉業も、はたしてその延長で可能なのでしょうか？

ポナンザの「守破離」

私はポナンザを作り始めて3年ほどで、将棋ソフトの世界でトップレベルになることができました。２０１３年には将棋電王トーナメントで1位を獲得します。すでにお話ししたように、この年に将棋ソフトとして初めてプロ棋士に勝利することもできました。しかし２０１４年は、世界コンピュータ将棋選手権と将棋電王トーナメントで、ともに準優勝に終わります（図３－３）。

ポナンザは壁にぶつかっていたのです。明らかに成長の速度が遅くなり、歯がゆい思いをします。このままでは他のソフトにどんどん追い抜かれてしまう……。どうすれば、もっと強くなるか。悩みの日々が続きます。

図3-3　ポナンザの成績

大会／年	2009	2010	2011	2012	2013	2014	2015	2016
世界コンピュータ将棋選手権	31	11	5	4	2	2	1	1
将棋電王トーナメント					1	2	1	1

そうした苦しみのなかで、ついに導入に成功したのが**「強化学習」**という手法でした。

強化学習は、この本でお伝えしたいポイントのなかでも、少し説明が難しいものです。どう解説すべきか悩んだのですが、「守破離」という言葉がヒントになると気づきました。

守破離とは、剣道や茶道などで、修業における段階を示したものです。

「守」は、師や流派の教え、型、技を忠実に守り、確実に身につける段階。「破」は、他の師や流派の教えについても考え、よいものを取り入れ、心技を発展させる段階。「離」は、1つの流派から離れ、独自の新しいものを生み出し確立させる段階。と、デジタル大辞泉では説明されています。

ピアニストの例で考えてみましょう。

どんなに才能があったとしても、最初はやはりある先生について、その指示のとおり学習（練習）をするのが上達への近道ですよね。そして、うまくなるにつれてほかの先生からもレッスンを受けてみたり、いろいろな教本を読んだりするはずです。

しかし、世界最高のピアニストを目指すなら、先生の言うことを聞くだけ、教本を読むだけでは絶対にダメですよね。自分で考え、試行錯誤し、先生や本の教えから離れる必要があります。そうしなければ、先人を超えることはできません。

この「守破離」は、すべての知能が物事を習得する際に共通してたどるルートだと考えています。

ポナンザの将棋の上達も、その例に漏れません。ポナンザはプロ棋士の指し手を機械学習し、とても強くなりました。それだけでも十分プロレベルに達しており、実際にプロ棋士に勝つことができました。

しかしこれは、プロの考えをコンピュータ上で再構成して、高速で再生産しているだけでした。「守破離」で言えば、まだ「守」の段階だったのです。このままでは真の意味で人間を超えた世界一にはなれません。「破り」「離れる」ためには、それまでの機械学習に加えて、強化学習の導入が必要だったのです。

強化学習とは何か

2014年以前、ポナンザを含めた将棋プログラムにおける機械学習は、基本的にすべて「教師あり学習」と呼ばれるものでした。しかし「教師あり学習」以外にも学習方法があります。それが「強化学習」です。

人間も人工知能も「教師あり学習」と「強化学習」の両方で学習しているのです。人工知能に限らず人を含む知能全般の学習手法は、概ねこの2つと言ってよいでしょう。そのため、コンセプト自体は心理学などの分野でずっと昔からありました。

図 3-4　２つの学習法

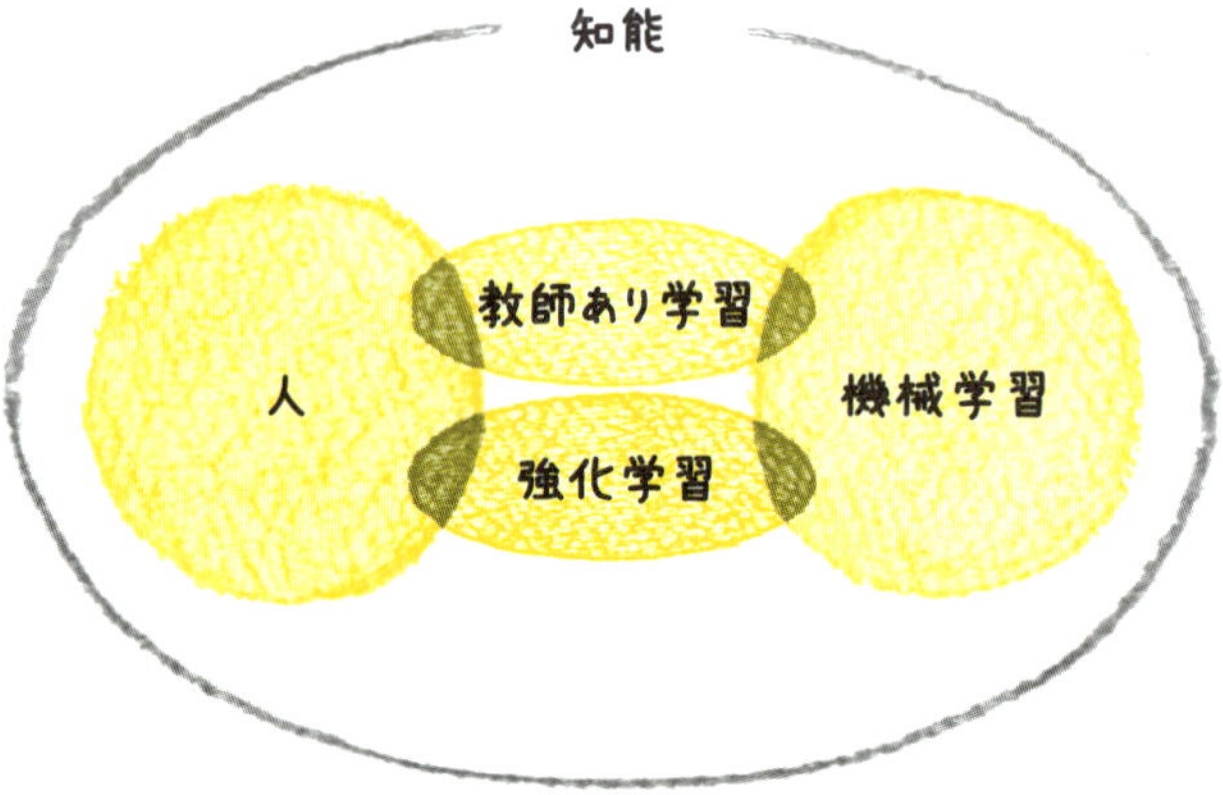

▲ 人間も人工知能も「教師あり学習」と「強化学習」の両方で学習する。

ポイントは、「教師あり学習」がその名のとおり、お手本となる教師を必要とするのに対し、「強化学習」は教師を必要としないということです。強化学習では、未知の環境であってもコンピュータが投機的に調べて、結果をフィードバックすることで学習していくのです。

フィードバックを繰り返すことによって「評価」が〝強化〟されるから、強化学習と言うんですね。

強化学習の導入によって、ポナンザはどのように変わったのでしょうか。

将棋における「評価」とは、指し手を進

図3-5　強化学習のイメージ

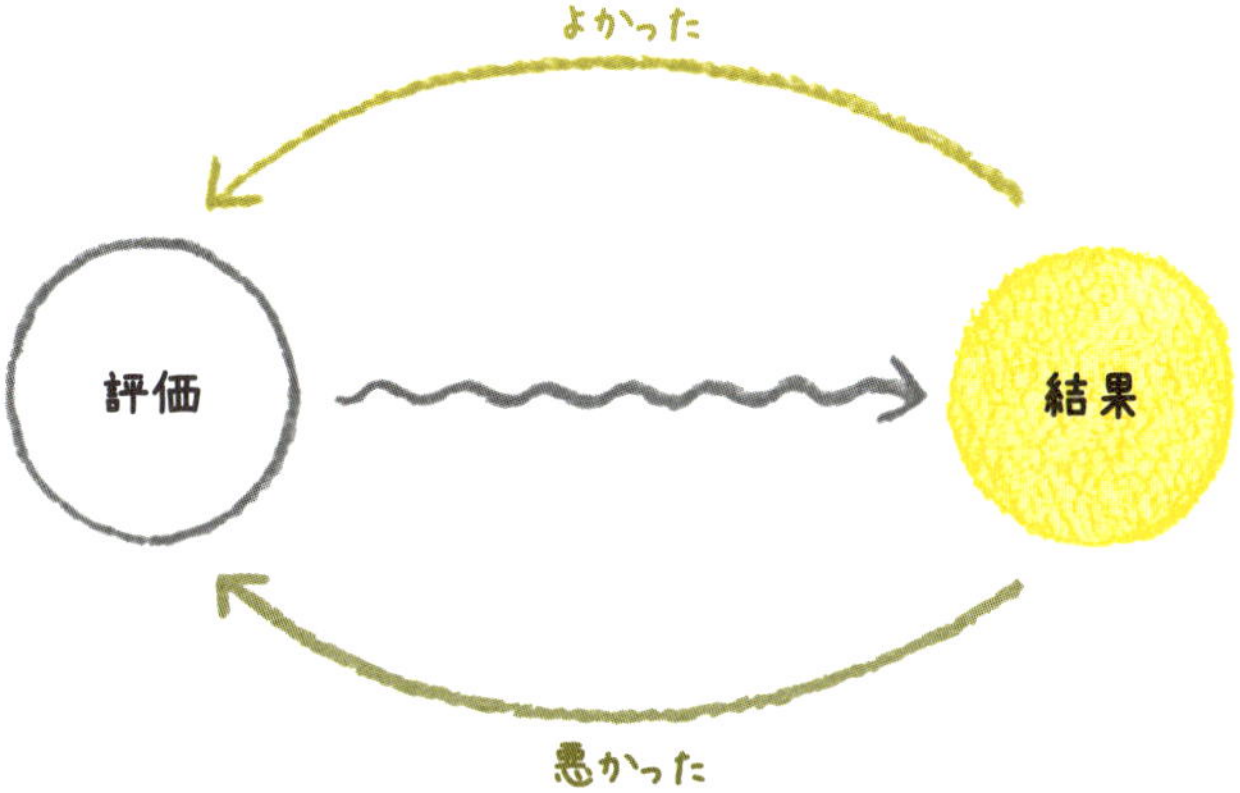

▲ フィードバックを繰り返すのがポイント。

めていったときに、局面がよくなるのか悪くなるのかを予言するようなものでした。２０１４年以前のポナンザは、プロ棋士が実際に指した手をお手本として教師あり学習をし、その評価の精度を向上させていたのです。

強化学習の導入以後は、そうしたお手本を使わず、実際にありえそうな局面を６手〜８手進めてみて、その結果がよかったのか悪かったのか（実際に勝利につながったのか）を調べ、その結果が「事前の評価よりもよかった」もしくは「事前の評価よりも悪かった」という情報をフィードバックして、評価の部分を微調整するのです。

実際には、この結果を80億局面ほど集め

ることで、ポナンザは以前より少しだけ、未来を予言する力が強くなります。そしてそのバージョンアップしたポナンザを使って、さらに同じ操作をしていきます。そうした作業の積み重ねで、ポナンザは今までおよそ1兆程度の局面を調べているはずです。

コンピュータ将棋の世界では、この学習方法を「雑巾絞り」と呼んでいます。膨大なコンピュータリソースと労力を割いても、ほんのわずかずつしか強さが向上しないからです。

ポナンザの場合は、合計で300コアになるマシン数台を何か月も動かし続けて、少しずつ少しずつ強くしていきました。このやり方ですと、電気代も毎月、数十万円以上かかります（これはもちろん個人ではまかなえませんので、さくらインターネットさんの支援を受けています）。人工知能の開発は、もはやそのレベルのリソースがなければ、勝負の場に立つことも難しいのです。

ポナンザ流の誕生

強化学習を繰り返した結果、私が予想もしていなかったことが起こりました。

ポナンザは単に強くなっただけでなく、どんどん新戦法を指すようになったのです。人間同士の戦いではありえないとされていた手順が、次々と湧き出てきました。

コンピュータ将棋の世界に入って本当によかった、と思った瞬間でした。

私は将棋のことを甘く見ていたのです。私自身がプレイヤーとして将棋を指していた頃は、既存の戦法にある種の行き詰まりを感じていました。有効な戦法の種類は限られ、その後の展開も研究しつくされたように見えていたのです。私だけでなく、多くの人が同じ心象を持っていたように思います。

しかしポナンザは、それらの先入観から解き放たれて自由に将棋の海を潜っていきます。そしてその海は、私が思っていたよりずっとずっと深かったのです。

図 3-6　左美濃急戦

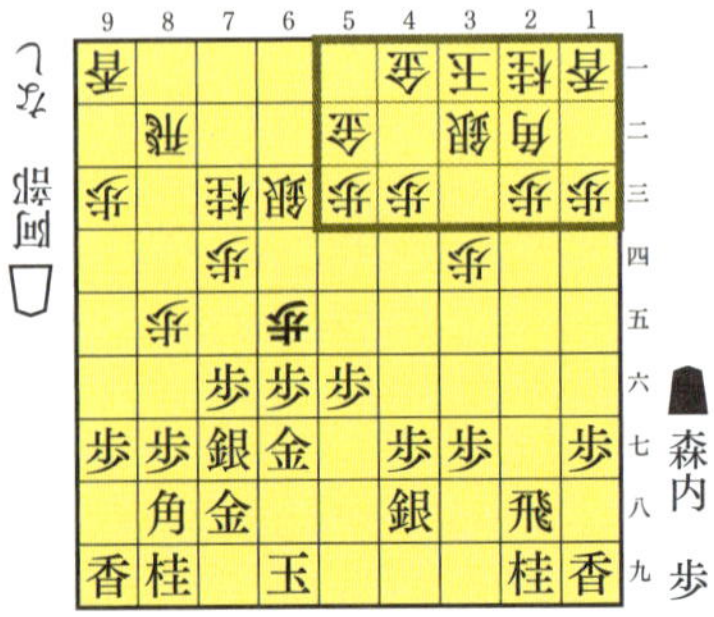

▲ 2015年10月におこなわれた第1期叡王戦における対局。太線で囲ったところが左美濃と呼ばれる部分。この局面ののち、矢倉の大家である森内俊之九段に阿部光瑠五段（段位は当時）が圧勝する。

ポナンザが指し始めた戦法は多岐にわたります。それらはおもしろいことに私ではなく、アマチュアプレイヤーやコンピュータ将棋に敏感な若手プロ棋士によって「ポナンザ流」と呼ばれるようになり、体系化されていきました。

ポナンザ流で有名なものでは、「左美濃急戦」と呼ばれるものがあります（図3－6）。この発見によって、プロ棋士の十八番であった「矢倉」が一時期急速に指されなくなったと言われるほど、大きな影響を与えました。

また、2013年の名人戦で森内俊之名人（当時）によって打たれた△3七銀は、すでにポナンザによって発見されていた手という

図 3-7　名人戦で指されたポナンザ新手

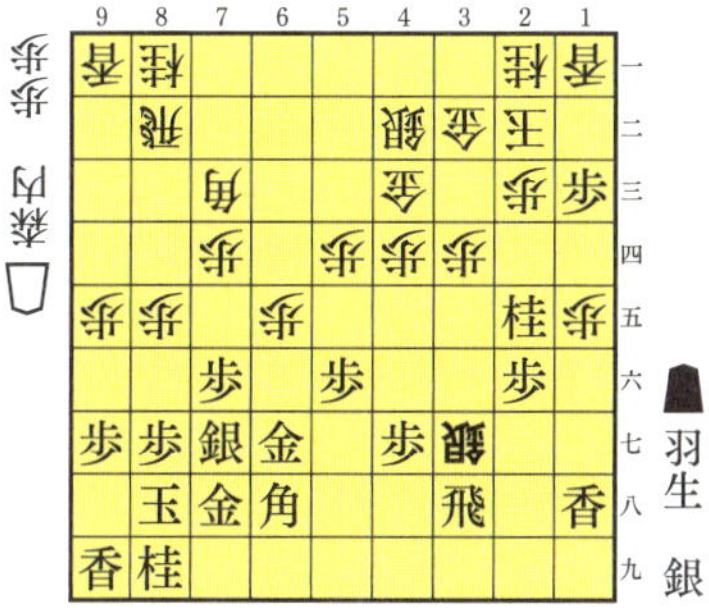

▲ 森内俊之名人と羽生善治三冠（いずれも当時）というトッププロ同士の対局の趨勢を決めた一手だった。

ことで、大きな話題となりました（図3－7）。

今ではポナンザ以外の将棋プログラムも、プロ棋士の棋譜からの学習を脱却して、強化学習を始めています。

そしてここ数年でプロ棋士によるコンピュータ将棋の研究も進み、現在使われる戦法は、何かしらコンピュータの影響を受けたものがほとんどになりました。いつの間にか、コンピュータとプロ棋士のあいだで、「どちらが教師か」という立場が逆転しているのです。

しかし忘れてはいけないのは、将棋で強化学習が可能になったのは、すでに強化学習前のプログラムがある程度強かったからだ、ということです。つまり、プロ棋士の棋譜で事前に教師あり学習をして十分強くなっていたことが強化学習が成功した大きな理由の1つだったのです。まったく知識がない状態からの強化学習も可能かもしれませんが、その場合はある程度強くなるのに途方もない時間がかかるでしょう。プロ棋士の棋譜をもとにすることが、「強化学習」を現実的なレベルで可能にしたのです。

人工知能の開発においては、必ず大量のデータが必要になるのです。そのうえで、最初は「教師あり学習」。そしてその後は「強化学習」に移るはずです。この流れは今後人工知能が普及するなか、さまざまな場面で出てくると思います。ぜひ覚えておいてください。

人類の反撃と許容

将棋プログラムとしてポナンザが初めてプロ棋士に勝利したあとも、電王戦の場でコンピュータと人間の戦いは続きます。ポナンザ以外にもさまざまな将棋プログラムが、多くのプロ棋士に挑戦しました。

しかし将棋プログラムの長足の進歩に、人間側は真っ向勝負では相当厳しいということがわかってきました。そこで、人間側は直線的な戦いを諦めて、ある種の「ハメ技」に近いことも始めます。

誤解してほしくないのですが、私は決してプロ棋士が直接的に戦わないことが悪いと思っていません。むしろ好ましいとすら感じています。人類と人工知能が本気で戦うなら、その持ち味を極限まで出して戦うべきですし、そもそも電王戦は実験場でもあります。そうした場で限界をあらわにすることで、初めてお互いの知能が相対化され、その輪郭が見えてくるのです。

それではプロ棋士がどのようにして将棋プログラムと戦ったか、実例として２０１５年におこなわれた電王戦・第５局を紹介しながら検討していきましょう。

図３-８は、先手の阿久津《あくつ》主税《ちから》八段が、２八にスキを見せ、後手のプログラム・ＡＷ

図 3-8　**電王戦・第５局でしくまれた罠**

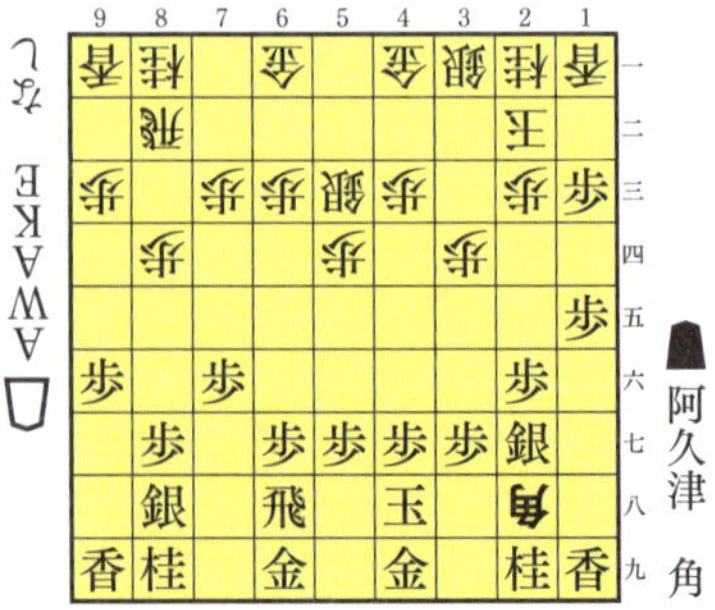

▲２八に角を打ち込むと一見よさそうに見える。しかしこれは人間が巧妙にしくんだ罠だった。

AKEがそこに角を打ち込んだところです。一見すると、1九の香車を取って角が成れるので、形勢はよくなるような気がします。

でも、当時の対局を考えてみてください。この対局は、将棋界にとって人間の優位性を示す非常に重要な戦いでした。対局したプロ棋士にとって簡単に負けることは許されないのです。

人間同士の対局であれば、スキを見せられた側はそれが本当のスキなのか、あるいは巧妙にしくまれた罠なのかを考えます。いわば、いつもとは異なる思考回路を使うのです。

ところが人工知能は違います。少なくとも現在のコンピュータ将棋は相手の意図を読み取って戦ったりはしません。感情で指し手が乱れることはなく、

図 3-9 罠の結果

▲ AWAKE が打った角が、十数手後にただで飛車に取られてしまう。

ただ盤面を見つめるのみです。

感情がなく、いつでも同じように安定した実力が出せることは、本来はコンピュータのよいところです。しかしこの対局に限っては、コンピュータは感情が必要だったように思います。大きな舞台で、あからさまなスキを見せてきた人間にコンピュータは危機感を持つべきでした。

人工知能はいつものように全力で読み、危機感を持たずに同じようにパンチを打ち込んだ結果、巧妙に設計された罠にハメられます（図3−9）。打ち込んだ角はすぐには取られないので、コンピュータは遠い未来にこの角が死ぬことを発見できませんでした。

実はこの罠は、アマチュア棋士たちがコンピュータ対策として磨いていた必殺の武器でした。その話を聞いた阿久津八段が、電王戦で実行したのです。いわば人間の集合知のようなものですね。実際、こうしたコンピュータ将棋をハメる罠は、将棋が強い人というよりは、ゲーマー的な才能を持つ人のほうが見つけやすいようです。将棋プログラムの挙動を理解して、そこから論理の力で設計したのでしょう。

しかしその後、これらのコンピュータ将棋のセキュリティホールとも言うべき傷は、強化学習を重ねることで改善されていきました。

振り返れば、2013年の電王戦で初めて人間がポナンザに敗れたそのときから数年で、将棋界の雰囲気は大きく変わりました。

最初に負けたときの対局後の記者会見では、お葬式でもここまで暗くならないのでは、と思えるほどでした。しかしその後、対局を重ねるなかで、プロ棋士たちも次第にコンピュータのことを認めるようになったのでしょう。今では「(ほかのプロ棋士に負けるように) コンピュータに負けてもしょうがないよね」という雰囲気に変わったことを、はっきりと感じています。

普段は確固たるものと思える私たちの価値観も、現実の変化によって大きく変わります。プロ棋士たちが経験した変化は、これから私たちが社会のさまざまな場面で経験することなのです。

アルファ碁の登場

2016年、コンピュータ将棋の大会で連続して優勝し、自信のついてきた私はお隣の世界であるコンピュータ囲碁に挑戦しようと考えました。コンピュータ将棋の大会の優勝インタビューでもそのことを宣言して、さっそく囲碁プログラムにとりかかりました。

しかしそれからわずか1か月後、衝撃的なニュースが飛び込んできます。グーグル傘下のディープマインド社がアルファ碁を開発し、ヨーロッパで最も強い囲碁棋士を破ったというのです。

ディープマインド社はグーグルが買収した人工知能のエキスパート集団の会社です。とりわけ彼らが得意なことはディープラーニング、そして強化学習です。この2つの組み合わせで彼らを上回るパフォーマンスを出せるチームはほとんどいないでしょう。

当時の囲碁プログラムの実力は、甘めに見てもアマチュアトップレベルに届かないものでしたので、アルファ碁が既存のプログラムのレベルを大きく超えていることは明らかでした。そして、それから数か月後にアルファ碁が世界有数のプロ棋士、イ・セドル九段と戦うことを宣言したのです。

その勝敗と、世界が受けた衝撃はすでにお話ししたとおりです。私もその結果を受けてすぐに、囲碁棋士・大橋拓文《ひろふみ》六段とアルファ碁について語り合いました。巻末にその全文を掲載していますので、のちほどぜひお読みください。

私がアルファ碁から受けた衝撃はそちらに譲るとして、ここではいかにしてアルファ碁が強くなったかを解説していきます。

なぜ、コンピュータにとって囲碁だけが特別なゲームだったのか？

まずは、囲碁プログラムがどのような歴史をたどってきたのかをお話ししましょう。コンピュータがすでに人間の名人レベルに到達したオセロとチェスは、根底の部分ではコンピュータ将棋と同じ理屈で動いています。正確には、欧米において「知的さの象徴」であったチェスを多くのプログラマたちが研究し、将棋やオセロはその研究を転用して成長してきました。

ちなみに、チェスを自動で指すという意味でのコンピュータチェスの歴史は古く、1940年代にコンピュータが生まれる前から論文が存在しています。有名なところではフォン・ノイマンが中心になって書かれたゲーム理論に関する論文〝Theory of Games and Economic Behavior〟があり、その内容はチェスの計算可能性を示すという、当時としては驚くべきものでした。

図3-10 〝Theory of Games and Economic Behavior〟

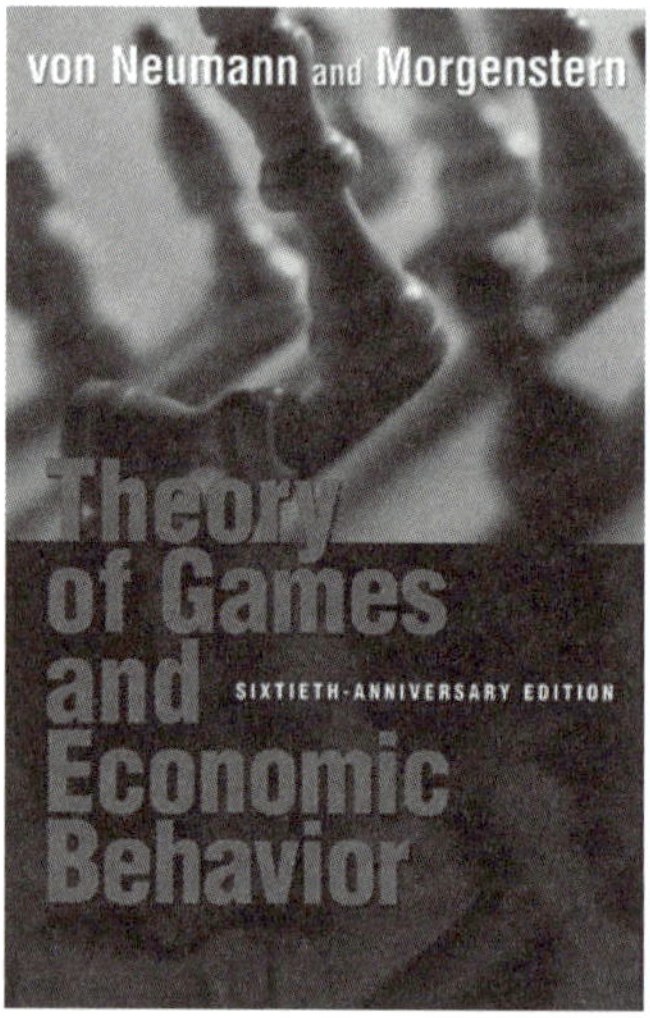

▲60周年記念エディションの装丁。チェスの画像があしらわれている。

今となっては、「チェスは計算可能」というのは当然のことのように聞こえるかもしれません。でも1940年代には、計算機でチェスを指せるようになるとは、ほとんど誰も思ってもいませんでした。

ちょうど今、多くの人が「翻訳は計算可能なこと」だと聞いても、どうやって計算するのかまったく予想もつかないのと同じことです。これを考えれば、「チェスは計算可能」という概念がいかに斬新であったか理解できると思います。

しかし、それらの蓄積と研究をものともしないゲームが1つ、本当に1つだけありました。それが囲碁です。なぜ囲碁にだけは、コンピュータチェス・将棋・オセロの手法が通用しなかったのでしょうか？

その答えは、コンピュータに囲碁の局面を「評価」させることが、どうしてもできなかったからです。

コンピュータ将棋は「探索」をし、「評価」で目星をつけていくと前に述べました。コンピュータ囲碁ももちろん同じように探索をすることができます。しかし、評価する部分がどうしてもうまくできなかったのです。

コンピュータ将棋が評価の部分を機械学習することで格段に強くなったように、囲碁も同じように機械学習をすればいいかと思いますよね。でも、それではうまくいきません。第1章で、チェスと将棋では壁があると言いましたが、将棋と囲碁のあいだにも、さらに壁があるのです。

将棋の機械学習では、駒と駒との位置関係すべてに点数をつけることで成功を収めま

図 3-11　チェス・将棋・囲碁のあいだにある壁

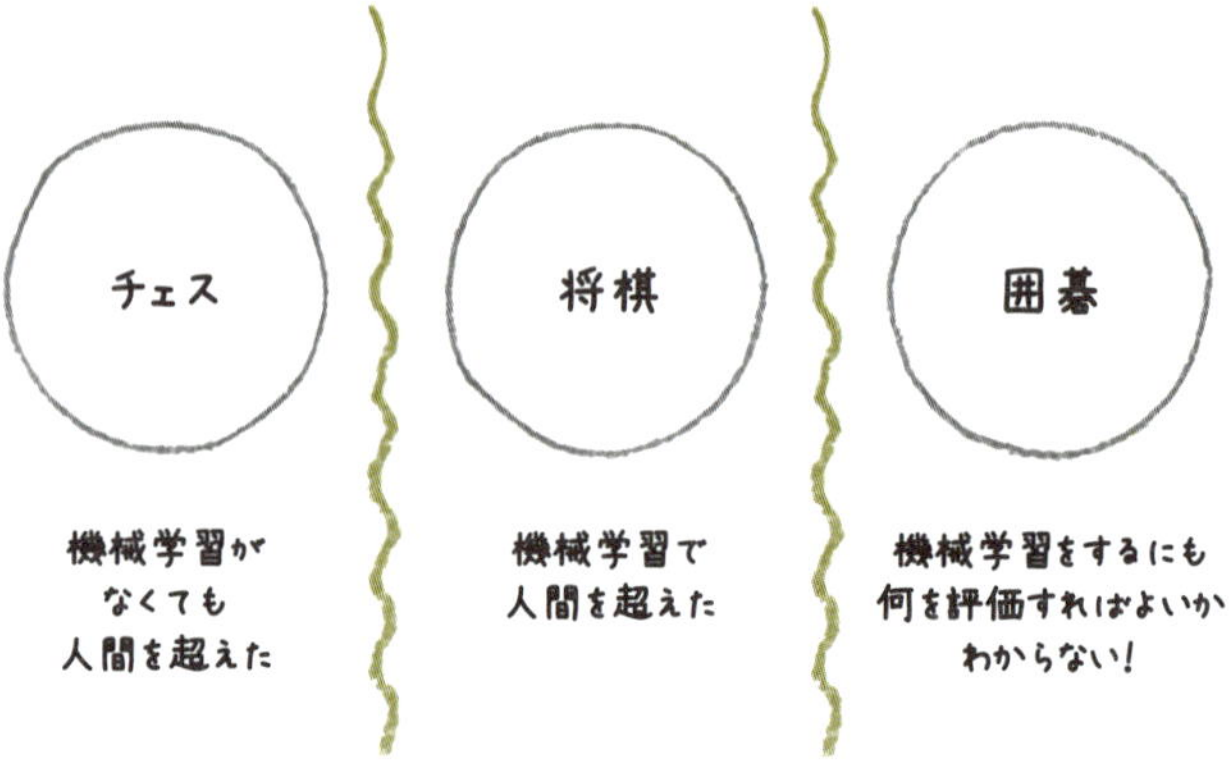

した。ポナンザの場合、調整の対象となった「位置関係」は1億に及びましたが、機械学習であればそれは可能でした。

しかし囲碁では、そもそもどの関係に点数をつければいいかわからないのです。石と石の関係に点数をつけようと思っても、どの石と石の関係に注目すればいいかがわかりません。つまり将棋と囲碁のあいだにある壁は、「何を評価すればいいかがわかる」「わからない」の壁だったのです。

それでも、なんとかして囲碁の評価を作ったプログラマたちもかつていたのですが、残念ながらそれはとても弱いプログラムでした。

モンテカルロ法という救世主

ところが、今から10年ほど前に、ある方法が囲碁に適用できることが発見されました。**「モンテカルロ法」**です。

モンテカルロ法とは、すごく大雑把に言えば「サイコロを振る方法」です。と言っても、まだ何のことかわかりませんよね。モンテカルロ法を理解するために、簡単な思考実験をしてみましょう。

一辺が2cmの正方形にぴったりハマった円があったとき、この円の面積はいくつでしょうか。答えは（半径）×（半径）×（円周率）なので、1cm×1cm×3・14。およそ3・14㎠ですね。

ところが、今あなたは円周率をすっかり忘れてしまったとします。そんなときに役立

図3-12　モンテカルロ法のイメージ

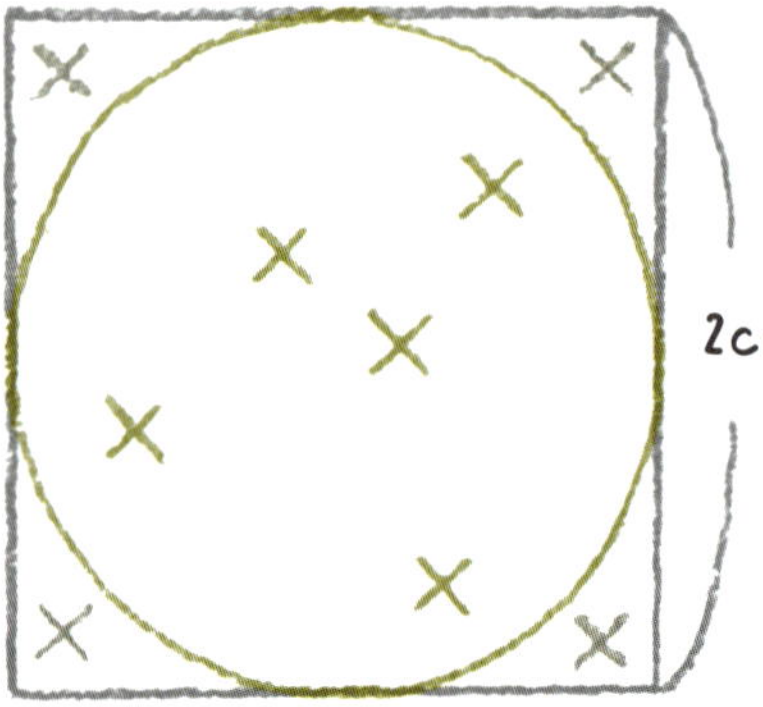

つのが、このモンテカルロ法なのです。

一辺が2㎝、面積4㎠の正方形の中にピッタリと入る直径2㎝の円を書きます。そして上からランダムにいくつも「点」を書いていきます。このとき、書いた点の数はしっかりと数えておきましょう。

そしてある程度の数の点を打ち、円の中に書いた点と、円の外に書いた点を数え、その比率を計算します。すると、おおよその円の面積がわかるのです。

たとえば合計で100個の点を打って、78個が円の中に打った点だったとします。となると、正方形の面積（4㎠）の78％（3・1

2㎠）がおおよその円の面積だとわかる、ということですね。

ある程度正確な面積を求めるには、打つ点の数を増やしていく必要があるのですが、これなら円周率なんてわからなくても大丈夫です。というかこの方法ならば、求める面積が円である必要はなく、どんな形のものでも（ある程度点を打てれば）それなりの精度で面積が求められます。

ただしこのときに重要なのは、正方形の中に打たれる点が、サイコロを振った結果のように「ランダム」でなければならない、ということです。こうしたランダムを使って何かを推定する手法全般を、「モンテカルロ法」と言うのです。

参考までに、モンテカルロ法を使って円の面積を求めるプログラムを図3-13に紹介しておきます。このプログラムを走らせてみれば、

実行結果が100の場合→3・28
実行結果が1000の場合→3・152

図 3-13　円の面積を求めるプログラム

```
import random
import math
def monte_carlo(count):

    ''' 円周率をモンテカルロ法で調べるプログラム
        countは試行回数
    '''
    ok = 0
    for _ in range(count):
        x = random.random()
        y = random.random()
        if x * x + y * y <= 1:
            ok += 1
    return 4 * ok / count

print('   100の場合{0}'.format(monte_carlo(100)))
print('  1000の場合{0}'.format(monte_carlo(1000)))
print(' 10000の場合{0}'.format(monte_carlo(10000)))
print('100000の場合{0}'.format(monte_carlo(100000)))
```

▲ サイコロの役割を果たす、「random」という関数がポイント。

実行結果が１００００の場合→３・１５５６
実行結果が１０００００の場合→３・１４５４８

と、試行回数を増やすほど値が真の値（３・１４１５９……）に近づく傾向にあることがわかります。

ちなみに、数学では鮮やかな解法のことを「エレガントな解法」といいます。一方、モンテカルロ法のようにコンピュータを使う力まかせの解法を「エレファントな解法」と言ったりします。ゾウのように力強い解法ということですね。

こういう方法は、あまり学校の数学では教わりません。でも現実の世界では、解決に必要な情報がすべてそろったうえで問題に当たれるとは限らないので、こうしたエレファントな解法が決してかっこ悪いものではなく、もっと有効な手段として世の中に知られたらよいな、と思います。

サイコロにも知能がある!?

では、囲碁にモンテカルロ法を適用するには、どうすればよいでしょうか?

その原理は驚くほど簡単です。ある局面でランダムに石を打ち、その結果、勝ったか負けたかの情報を収集していけばいいのです。具体的な例を見ていきましょう(ちなみに、将棋は「指す」と言い、囲碁は「打つ」と言うのが慣習みたいですね)。

図 3-14　囲碁へのモンテカルロ法の適用

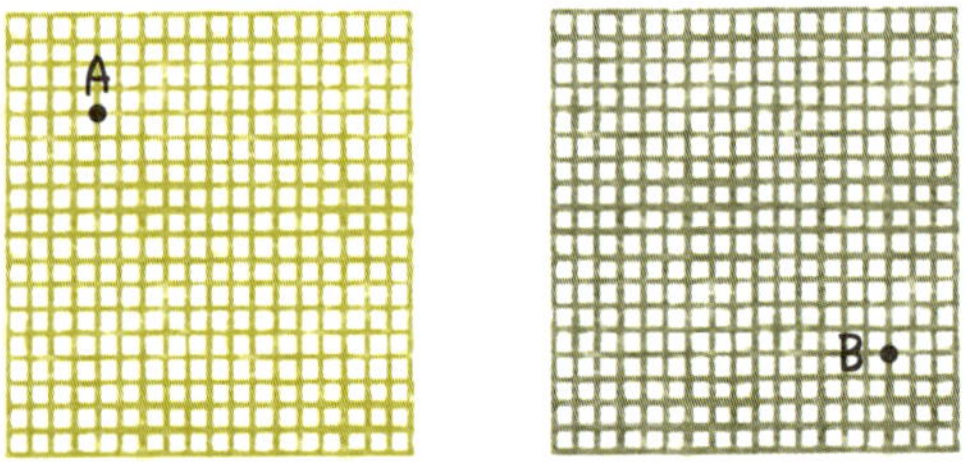

▲ ランダムに打てば勝率が推定できる。今までの手法とはまったく別のアプローチ。

たとえば、図3-14のA地点に碁石を打ったあと、適当に局面を進めるということを1000回試してみます。そうしたら600回勝って、400回負けたとします。これは勝率60％ですね。

次に、先ほどと同じ局面でB地点に碁石を打つのを1000回試してみたら、300回勝って700回負けたとします。この場合の勝率は30％です。

この結果を見れば、ほぼ確実にAに打ったほうがいいことがわかりますよね。

これ、すごい考え方だと思いませんか？

だって、「評価」を一度もせずに「探索」だけで、囲碁でどの手を打つかという問題を解決してしまったのですから。

コンピュータ囲碁では評価を作れなくてずっと困っていたという話をしましたが、この方法は、なんと評価を諦めたのです。評価ではなく「サイコロ」に委ねた、とも言えます。


これは、人間のようにきちんと「探索」して「評価」するやり方に比べると、かなり奇妙なやり方に思えます。しかし私は、これも知能だと考えています。「サイコロには知能がある」とすら言えるかもしれません。

そんなバカな、と思われるでしょうか。しかし「サイコロには知能がない」というのは、「脳内のニューロンが、隣のニューロンに信号を伝えていること」を知能がないというのと、私には一緒のことに思えます。この世界には、私たち人間以外の知能が存在するのです。

モンテカルロ囲碁の成長

このモンテカルロ囲碁は、最初から強かったわけではありません。さまざまな工夫が重ねられ、強くなったのです。

とりわけ大事な点は、「いかにそれっぽく打ち手を進められるか」でした。単純にランダムに囲碁盤を石で埋めていくより、プロのような打ち回しで埋めたほうがよい結果になるという理屈です。

ここで機械学習が使われました。モンテカルロ法をしている最中に、囲碁のプロ棋士と同じような手が打てるよう、プログラムが学習していきます。囲碁というゲームの「評価」を学習することは困難だったのですが、プロの手をコンピュータが真似することはそれなりにできたのです。

モンテカルロ囲碁が発明されて、旧来手法の囲碁プログラムは一気に廃れました。そしてアマチュアの級位者レベル（つまり初段未満の実力）だったプログラムが、わずか数年で一気に高段クラスまで到達したのです。

あまりの改善速度の速さに、きっとこのままモンテカルロ法でプロの囲碁棋士も倒せるようになるだろうと、楽観的な意見が出てくるまでになりました。

しかし、あるレベルで急速に成長が止まります。ちょうどアマチュアトップレベルに届かないくらいです。そこから囲碁プログラマたちの苦闘が続きますが、数年間ほとんど棋力が伸びない状況でした。

サイコロだけでは人間は倒せないのでしょうか。

アルファ碁が示したこと「囲碁は画像だった」

アルファ碁が登場したのはそうした状況のなかでした。そして2016年3月にはイ・セドル九段に勝利します。その対局はYouTubeで生放送され、世界中で何億もの人が観る大イベントになりました。

囲碁の分野に進出しようとしていた私は、あっさり出鼻をくじかれてしまいました。しかし研究者としては、アルファ碁の偉業には感嘆するしかありません。

アルファ碁のしくみは、科学論文誌『ネイチャー』に投稿されたので、それをじっくりと研究することにしました。そこには、アルファ碁がどのように強くなってきたかが詳細に書かれていました。

まずアルファ碁も既存のプログラムと同じように、部分的にはモンテカルロ囲碁をベースにしていました。そのうえで、コンピュータ囲碁界で当時流行りはじめていたディープラーニングを積極的に使っていたのです。

本書でもすでに解説したように、ディープラーニングは画像の処理を最も得意とするものです。ですが、囲碁はもちろん画像ではありません。どのように囲碁に応用したのでしょうか？

図 3-15　ディープラーニングの画像処理

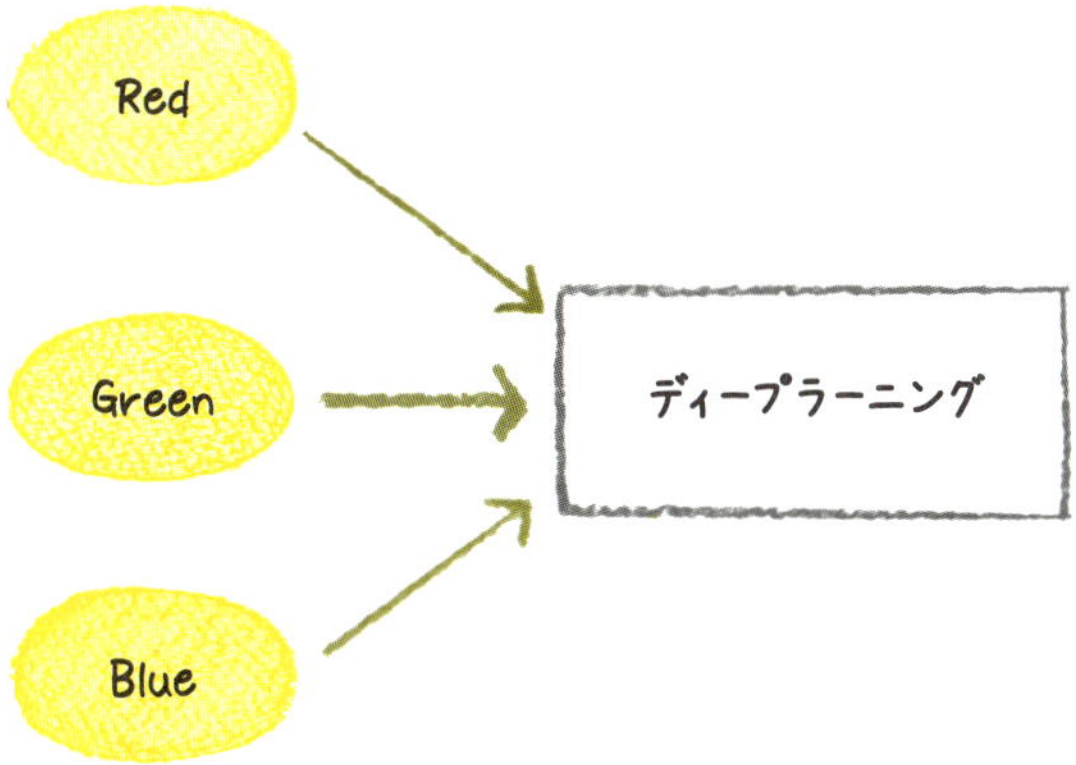

▲ ＲＧＢの各色を別々に処理する。

ディープラーニングで画像の処理をするとき、いろいろなシナリオが考えられますが、最も多いシナリオの1つがＲＧＢで入力することです。

ＲＧＢとは、赤（Red）、緑（Green）、青（Blue）という人間にとっての光の3原色のことです。コンピュータのなかで画像を扱うときは、画像のＲＧＢ各要素を別々に処理して、ディスプレイで表示するときにそれらを合成したりします。

画像をディープラーニングするときも、ＲＧＢそれぞれの画像、つまり画像から赤だけ抜き出した画像、緑だけ抜き出した画像、青だけ抜き出した画像と3枚に分けて入力します（図3－15）。

図3-16　囲碁盤のディープラーニング①

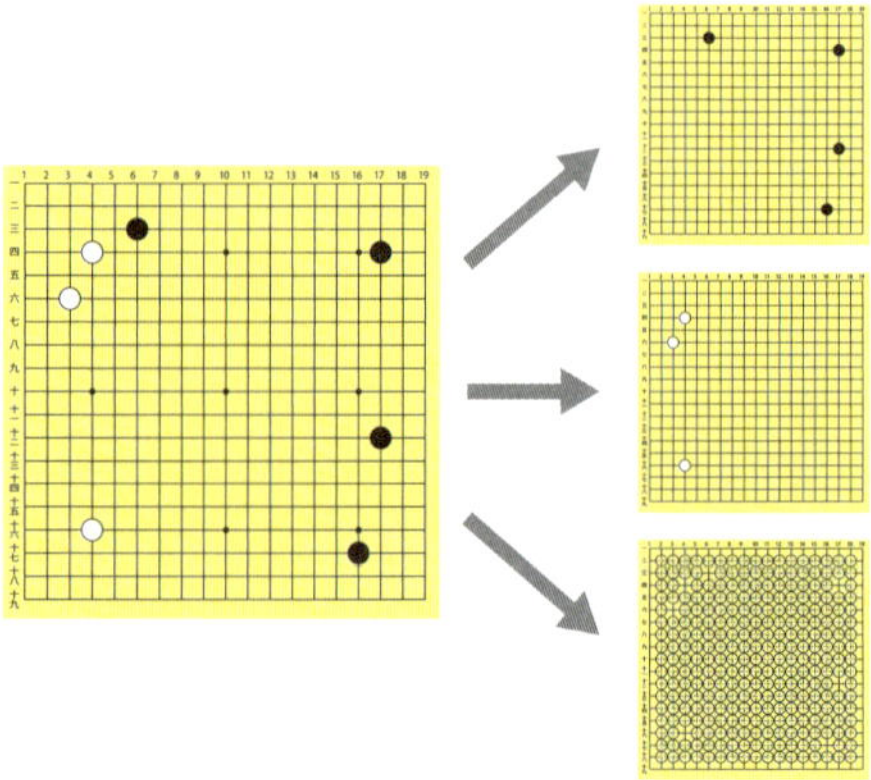

▲黒、白、空白を別々に処理する。

では、囲碁を画像としてディープラーニングするには、どのようにすればよいのでしょうか？

囲碁でも、RGBのように画像を重要な要素に分解すればよいのです。それが、「黒の石のところだけ光っている画像」「白の石のところだけ光っている画像」「空白のところが光っている画像」の3つでした（図3-16）。

アルファ碁の場合は、それ以外にも入力する画像を用意しましたが、この3枚の画像こそが決定的に重要です。

具体的には、プロ棋士による実際の局面をこの3つの画像に分解してディープ

図3-17　囲碁盤のディープラーニング②

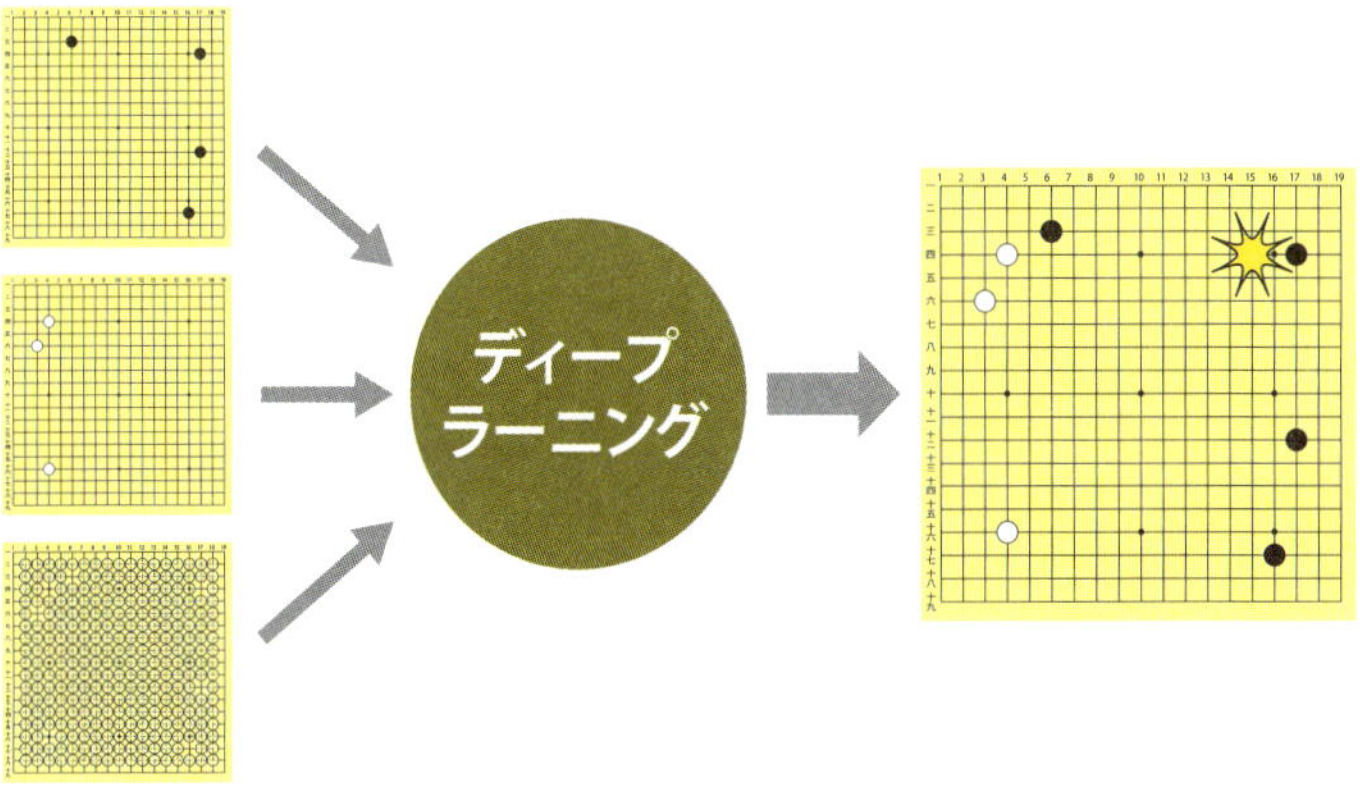

▲ 打つべき場所が光るのはあくまで比喩だが、プロ棋士もよく「次の一手が光って見えた」と表現することがある。

ラーニングに読み込ませ、教師あり学習をさせます。その結果、未知の局面でもプロが次に打つであろう石の場所を出力できるようになってきます（図3-17）。

最初はそれほどうまくいきませんでしたが、学習を繰り返すと、だんだん上手に学習できるようになってきました。

最終的にこのディープラーニングは、プロ棋士の打ち手を57％程度予想できるようになりました。それまでのモンテカルロ囲碁も機械学習によってプロの打ち手を予想できるのですが、40％程度の予想率だったので大きな躍進です。

プロの打ち手予測器であるこのディープラーニングは、それだけでもかなり強いのですが、さらに改善された点がありました。

以前の機械学習で作られた予測器だと、その予想が外れたときは、あまりよくない手を候補にあげてきてしまうこともしばしばありました。しかしこのディープラーニングバージョンの打ち手予測器は、仮に予想が外れた場合でも「そこそこ」の手を返すようです。

アルファ碁のディープラーニング版打ち手予測器は、それ単独でもアマチュア三段程度の実力はあるようです。これは、ほとんどの碁打ちにとって、とてつもなく強い存在だということです。

アルファ碁の3つの武器

ここまで、ディープラーニングと囲碁の相性が非常にいいことを説明してきました。ディープラーニング版打ち手予測器と従来のモンテカルロ法を組み合わせることで、囲碁プログラムは従来の行き詰まりを解消することに成功したのです。

モンテカルロ法だけではせいぜいアマチュア五段程度だったのですが、ディープラーニング版打ち手予測器を組み合わせることで、アマチュアトップクラスに肉薄できるようになりました。

ここまでは他のコンピュータ囲碁のプログラマたちも展開を追うことができていたようです。ディープラーニングが囲碁と相性がいいことは、世界中のプログラマたちが同時多発的に気づいていたからです。

しかし、グーグル・ディープマインド社はさらに一歩先を行く改良をほどこします。それが、**ディープラーニングと強化学習の組み合わせ**でした。

強化学習はポナンザでも実現したことをお話ししましたね。自分自身でいろいろと試行錯誤をして、学習していく手法です。この強化学習とディープラーニングを組み合わせることで、それまでは達成不可能だった課題が、コンピュータにできるようになったのです。

グーグル・ディープマインド社が最初に挑戦したのは、ブロック崩しゲームです（図3－18）。そのさまざまな画面を大量に画像として入力し、正しいゲームの動きが出せるように学習させるのです。

このゲームは実際にプレイされたことのある人も多いかと思います。基本的には、画面の下に配置され、横に動くだけのバーを操作して、スピーディに落ちてくる球を弾き返し、何層ものブロックを崩していくゲームです。ブロックを崩すことで得られるポイントとクリアする早さを競いますが、その前に球を拾えず落としてしまえばゲームは失敗になります。

学習の初期段階では、下にあるバーを闇雲に動かすだけで、ほとんど点数を獲得できません。しかし何度か試していくうちに、偶然にもバーに球が当たることがあります。すると弾き返した球がブロックを壊し、少しだけ点数が獲得できるので、その結果をフィードバックします。その積み重ねで、だんだん球がバーに当たるように学習していく

図 3-18　ブロック崩しゲーム①

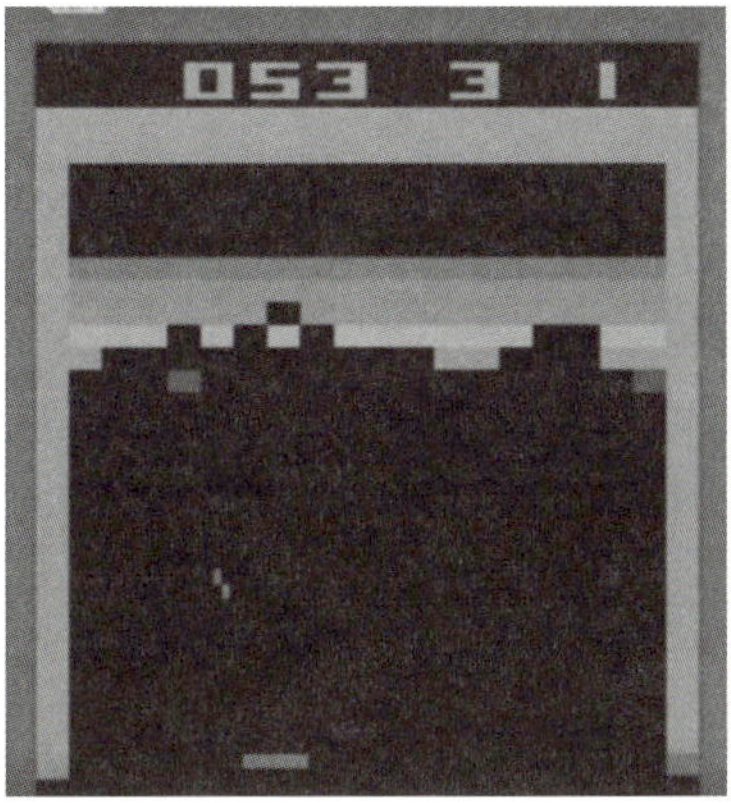

▲ いくつかのバージョンがあるが、これは初期に発売されたATARI社のもの。

のです。

そしてあるとき、上のブロックの裏側に玉を通すと高得点につながることを偶然発見すると、それをどんどん狙うようになるのです（図3－19）。

これはまさに、ディープラーニングと強化学習の幸せな結婚でした。

以前は概念だけでなかなか実用的に応用されることが少なかった強化学習ですが、ディープラーニングと組み合わせることで、適用可能な範囲が一気に広がりました。

囲碁においても、ディープマインド社は強化学習を実行していきます。

図 3-19　**ブロック崩しゲーム②**

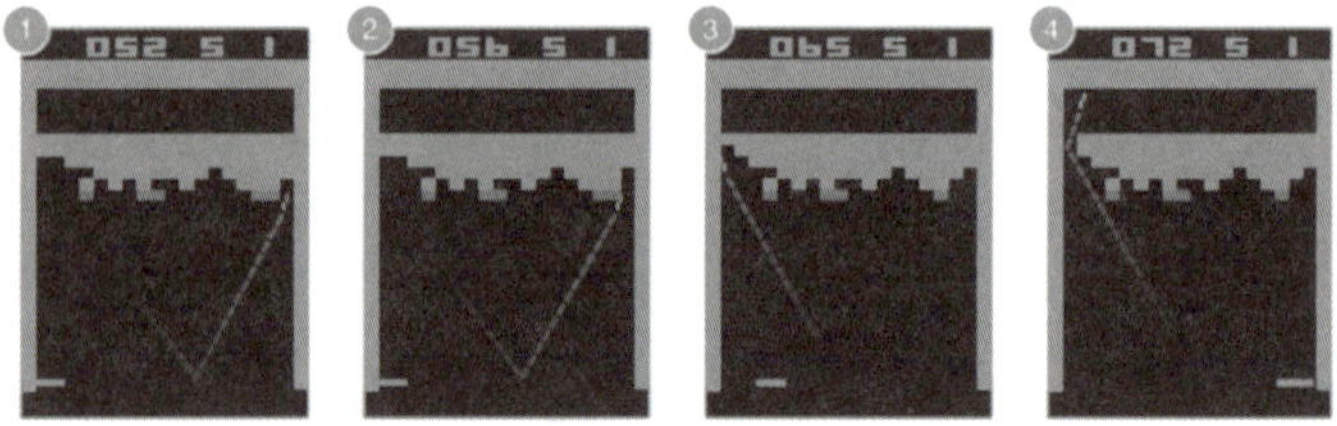

▲ ①〜④のようにゲームを進め、ブロックの裏側に球がいくと、
球がなかなか落ちてこず連続してブロックを壊して高得点となる。
出所：〝Human-level control through deep reinforcement learning〟Jiang Guo をもとに加工

囲碁の強化学習は一般的な方針からは外れて、やや変則的な方法でおこなわれました。

最初は先ほど説明したモンテカルロ法による打ち手予測器どうしで試合をして、打ち手予測器を倒すことのできる新しい打ち手予測器を作成します。

そしてこの新しい打ち手予測器どうしで、何度も何度も試合をさせます。ただし、これは単純に直前のバージョンに勝ったものだけを残していくという方法ではなかったようです。バージョンAに勝ったBを次はCと対戦させ、Cが勝ったら次のDと……とするだけでなく、バージョンCはAともDとも対戦させるなどの組み合わせが試されました。なぜなら、直前のバージョンに勝つことだけを求めてしまうと、一種の過学習が起きるためです。

結果、多数のバージョンの打ち手予測器が生み出されました。そして、その多数のバージョン同士を組み合わせた対局がおよそ3000万回おこなわれたと言われています。(ややこしいですが) さらにその対局結果から、今度は試合の勝敗を予想する「勝敗予測器」の作成を始めます。3000万ほどの膨大な対局数があって、初めて勝敗予測器が作成できるようです。この勝敗予測器にもディープラーニングが使われています。ただし、そのしくみの全貌を説明するのは本書のレベルを大きく超えるので、関心のある方はネイチャーに掲載された論文 (http://www.nature.com/nature/journal/v529/n7587/abs/nature16961.html?lang=en) を参照してみてください。

この勝敗予測器は、今まで繰り返しお話ししてきた「評価」に相当します。囲碁では「評価」を作成しようとして、何度も挑戦しては失敗してきました。その結果、モンテカルロ法という「評価」を諦めた手法がメインになったのでした。

それから10年後、ディープラーニングという新たな武器と強化学習の組み合わせによって初めて、盤面を直接評価できるようになったのです。

図3-20　ディープラーニングが囲碁の壁を突破した

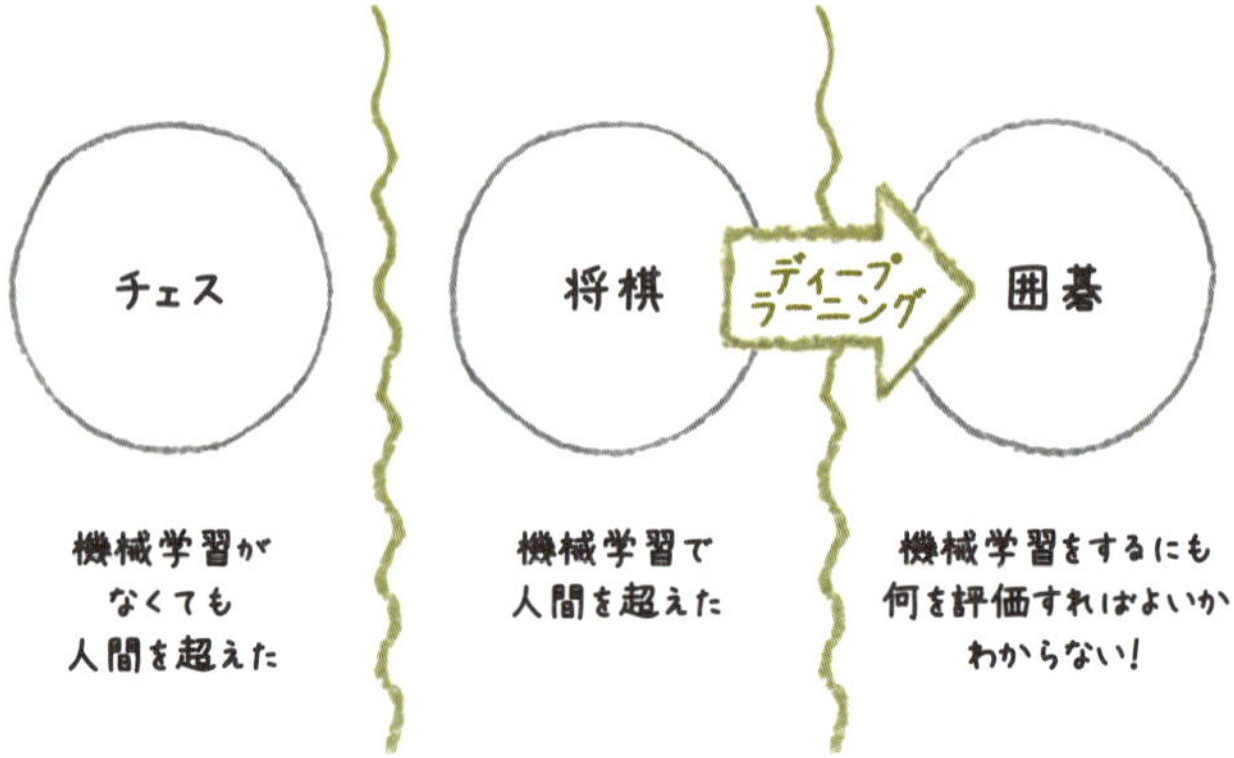

　このしくみを知ったとき、私はすごく嬉しかったです。囲碁盤を評価することに、ついに人類は成功したのですから。

「モンテカルロ法」と「ディープラーニング版打ち手予測器」、そして「ディープラーニング版評価」。この3つの武器を組み合わせることで、アルファ碁は今までの囲碁プログラムを圧倒するほどの途方もない力を手に入れました。

『ネイチャー』に論文を発表した時点ですら、以前の囲碁プログラムに対して勝率99％以上を実現しています。

　これは本当にとんでもない数字です。なぜならほかのプログラムも、一流のプログラマたちが必死で開発しているわけですから。どの世界であれ、どんなに強いプレイヤーであっても、ほかのプレイヤーに対して勝率99%以上というのは通常達成できるレベルではありません（参考までに、将棋の羽生善治三冠の年間最高勝率は1995年の83・64%です）。

アンサンブル効果

話が少しややこしくなりますが、アルファ碁の強さの秘密は、3つの武器を手に入れたことだけではありません。3つの武器のあいだで、**「アンサンブル効果」**が生じていたことも大きかったのです。

「アンサンブル」とは、もともとは音楽用語で、2人以上が同時に演奏することを意味します。合奏、重奏、合唱などですね。

そして、大勢の歌い手による合唱の魅力が各人の歌声の単なる足し算とは言えないように、複数の手法が重ねられることで格段によい結果が得られることを「アンサンブル効果」と呼んでいるのです。

人工知能の世界でも同じようなことがあって、同等くらいのレベルで、作り方が違う手法の平均をとると、ものすごくパフォーマンスが上がるのです。

たとえばアルファ碁の局面評価は、①モンテカルロ囲碁による勝率予想と、②ディープラーニングによる勝率予想をし、かつ①と②の平均をとるという方法になります。これが、①、②単独の予想よりもはるかによい結果をもたらすということですね。

これは、現代社会において多数決が有効であるとされる理由の1つと、本質的に同じことだと思います。ただし前提として、多数決を構成する要素（人）の多様性があり、かつ同じ程度には十分に問題について考えている状況が成り立たないとアンサンブル効果を得られませんし、もっと悪い結果になることすらあります。

だからアンサンブル効果というのは、別に機械学習に限った話ではないのです。合唱でもそれぞれの構成員が個性を持ちながら、かつ十分な鍛錬をつんだ状態でないとすばらしいアンサンブルにはなりませんよね（なんだか妙に示唆的な話になってしまいました）。

この3つの武器（とアンサンブル効果）を手にいれたアルファ碁は、一気に世界トップププレイヤーのレベルに到達しました。そして、イ・セドル九段に勝利したのです。

その後もアルファ碁は強くなり続けて、オンラインネット対戦の場では人類トッププレベルに対して60連勝を成し遂げます。その対戦相手のなかには、現在人類最強と呼ばれている人も含まれていました。もはやアルファ碁は人類のレベルを超越したと断言できるでしょう。

科学が宗教になる瞬間

アルファ碁ショックののち、囲碁界に不思議なことが起こりました。誰も彼もがアルファ碁の真似を始めたのです。もちろんアルファ碁の打ち回しが優秀だと思ったから打っているのですが、正直なところ、誰もその打ち手の意味をわかっていなかったと思います。

ポナンザも将棋の新定跡をたくさん作り出し、プロ棋士たちがそれを試して優秀だと思い実践するようになったのですが、その雰囲気とはちょっと違います。

なんというか、これまで人間があまりに理解できていなかった囲碁というゲームに、アルファ碁は光を与えてくれたのです。プロ棋士たちが（おそらく）意味もわからずアルファ碁の真似をしはじめた様子は、今までの囲碁から離れ、新しい囲碁の道を模索し始めたかのようでした。

私の友人の囲碁棋士・大橋拓文《ひろふむ》さんが言った言葉が印象的です。

「科学が宗教になる瞬間を見た」——そう、アルファ碁の勝利は、人間を超えた知能が宗教の対象になった瞬間のように思えるのです。

天才からの卒業

私たち人間は、〝天才〟という存在が大好きです。「アインシュタインのIQは190だった」などの天才たちのエピソードは世界中で語られていますし、ネットでも本でもいくらでも読むことができます。

そうした畏敬の念から、多くの人は、普通の人と天才のあいだにこそ「知の本質」が存在していると思いがちです（図3-21）。

図 3-21　知の本質はどこにある？①

▲ 知の本質は、アインシュタインと普通の人の間にある？

　私も、人工知能の研究を始める前は（そして始めてからしばらくも）同じように考えていました。しかし、今ではだいぶ違う考えを持つようになっています。

　もちろん、アインシュタインは普通の人よりも賢いと思います。でも、〝ずいぶん〟賢いかは別問題です。「アインシュタイン」と「普通の人」と「昆虫」は、賢さという点で、どれくらい違うと思いますか？

　ビジュアルにしてみると、図3－22のような感じになるのではないでしょうか。アインシュタインと普通の人の差は、昆虫と普通の人の差と比べると、とても小さくなります。正直なところ、もはやアインシュタインと普通の人の差などどうでもいいく

図 3-22　知の本質はどこにある？②

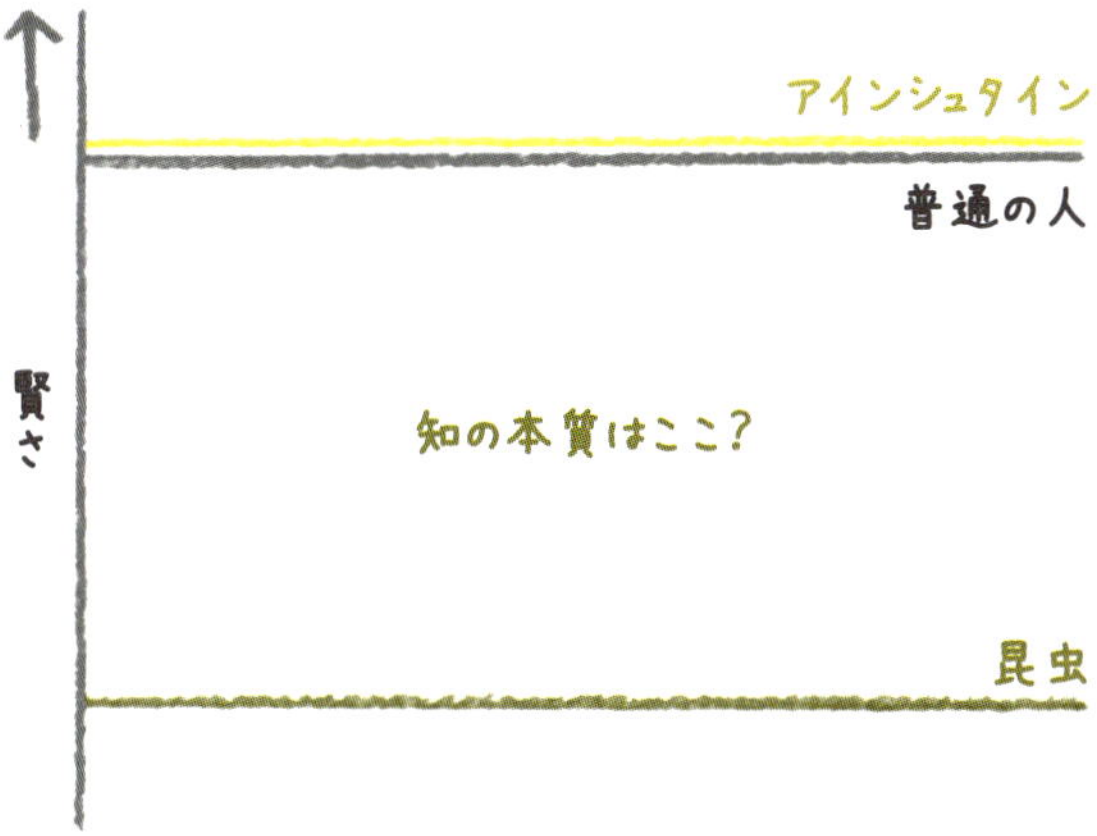

▲ アインシュタインと普通の人の差は、昆虫から見るとほとんど誤差。

らいですね。

「知の本質」というものが存在するとしたら、かつては普通の人と昆虫のあいだにこそあったのでしょう。

「かつて」と書いたのは、これからは人工知能がアインシュタインのような天才すら超えていくのではないかと思うからです。

いま、人工知能は多くの場面で人間をお手本にした「教師あり学習」をしています。多くの場合はそれだけで十分に技能が高められるでしょう。しかし、強化学習とディープラーニングの組み合わせによって、人工知能は人間のお手本からも離れて、はるかに上のレベルに到達することが、少なく

図 3-23 知の本質はどこにある？③

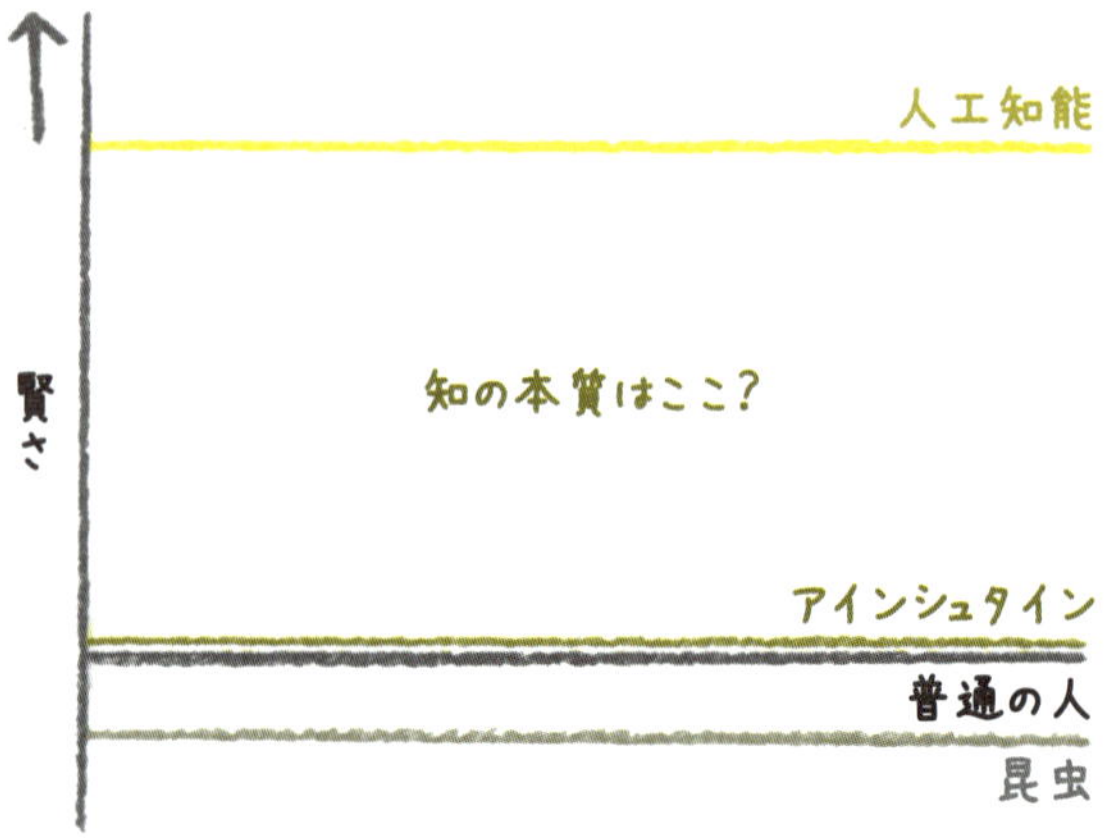

▲ 人類のレベルを超えた人工知能。アルファ碁は今、囲碁の世界の神になったのかもしれない。

とも囲碁の世界では証明されてしまいました。今、人工知能は天才からも卒業する時代になったのです。

そうした時代に、「知の本質」はどこにあるのでしょうか？

もしかしたら「知の本質」は、「普通の人」と「昆虫」のあいだよりも、アインシュタインと人工知能のあいだにある、と考えるべきなのかもしれません（図3－23）。

第4章

倫理観と人工知能

――人間からの卒業

知能と知性

本書ではここまで、人工知能が「プログラマ」「科学」「天才」から卒業する様子を説明してきました。この章では、人工知能がついに「人間」から卒業することをお話しします。（これまでの解説の多くは、研究者たちによる過去の成果や、私が直接経験してきたことを説明したものでした。しかしこの章では、私の予想や意見が多くなることをご了承ください。）

人工知能が「人間」から卒業するとは、どういうことなのでしょうか？

第3章では、強化学習によって人工知能が人間を大きく超えていくことを説明しましたが、実はあの進歩は、「知能」としての枠内で、人工知能が人間を超えることを意図していました。

しかし、これまで本書では意図的に極力使わないできた、「知的さ」を表す単語があります。それが**「知性」**です。

「知能」と「知性」の違いについてはいろいろな説明の仕方があると思いますが、本書ではずばり「知性とは目的を設計できる能力である」と定義します。また「知能」は探索と評価で目的までの道筋を探すことができる能力でしたね。

なのでわかりやすくまとめると、

知性＝目的を設計できる能力
知能＝目的に向かう道を探す能力

となります。

今の人工知能は、「知能」の枠内では人間を超えようとしていますし、一部の分野では完全に超えました。しかし、「そもそも、何をすべきか？」という目的を設計できる能力＝知性は、まだ持ち合わせていません。そうした目的は、人間が設計しなければな

図 4-1　知性と知能の関係

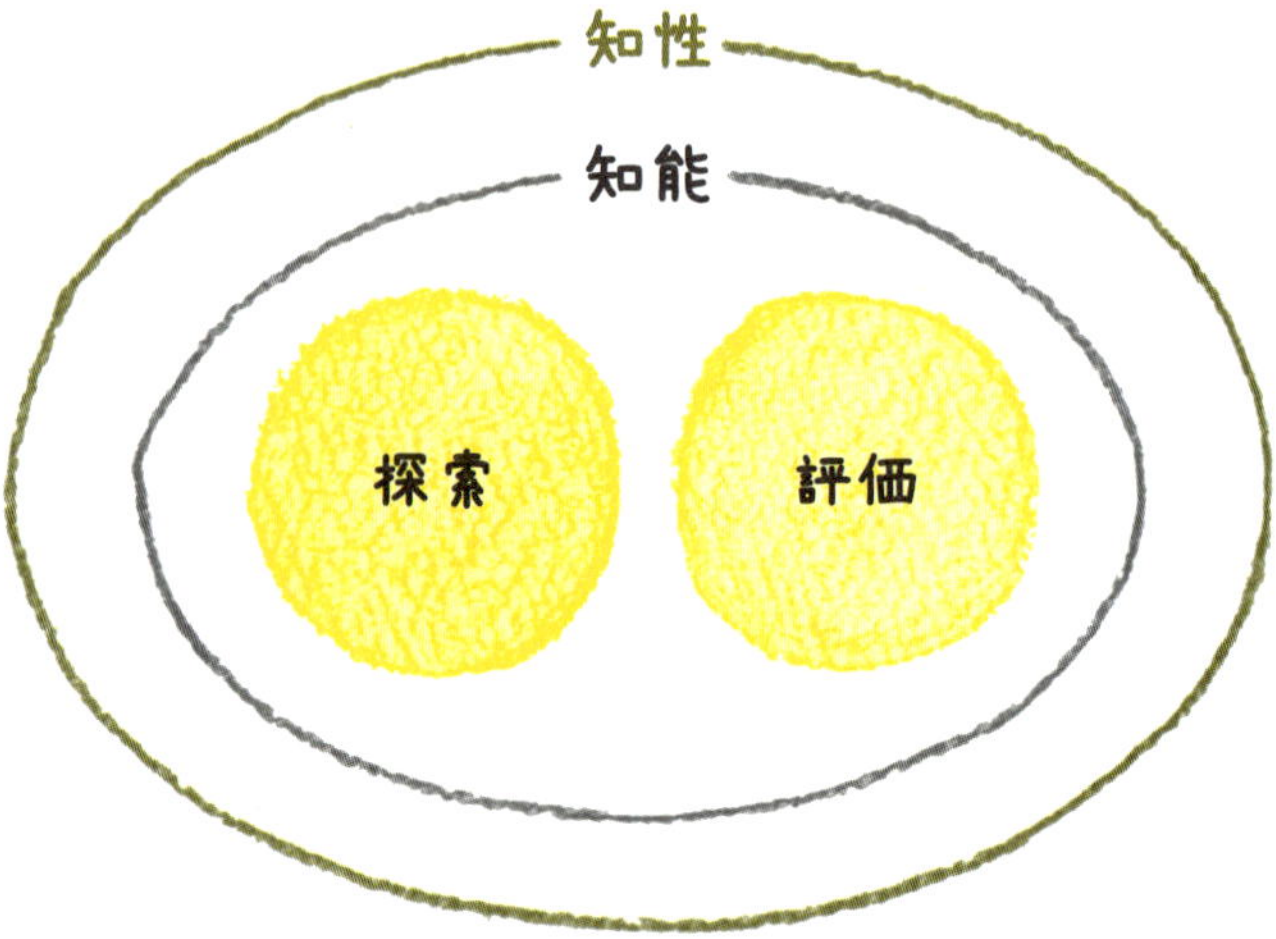

▲ 目的を設計することで、知能を適切に運用できる能力が知性。

らないのです。たとえばポナンザの目的は、「将棋で勝利せよ」になります。

ただし、一言で「目的」と言っても、人間はさまざまな設計の仕方をしています。たとえば目的までの距離が大きいときには、人間はしばしば適切な中間の目的を設計します。

これは多くの人が無意識でやっていることですので、わかりにくいかもしれませんね。将棋を例に具体的に見ていきましょう。

「中間の目的」とPDCAで戦う人間の棋士

ポナンザは、1秒間に何百万もの局面を探索・評価することができます。複数のコンピュータを結合させたクラスタコンピュータ上で動かせば、それは億の単位に届くほどになります。人間も同様に探索と評価を繰り返していますが、1秒間に意識にのぼる局面は、多く見積もっても平均して1局面以下でしょう。

この数字の比較だけを見ると、むしろどうやって人間はコンピュータと戦っているのか、不思議に思わないでしょうか？

その秘密は、コンピュータにはない、人間だけの武器にあります。それは、「中間の目的」を設計するということです。

「中間の目的」とは、最終的な目的（この場合は「将棋で勝利せよ」）を達成するために、細分化された目的のことです。

将棋における「中間の目的」を挙げてみましょう。

将棋の初心者は、序盤は「駒を得する」、終盤は「王様を攻める」などを（簡単な）「中間の目的」にしがちです。あまり複雑な「中間の目的」は設計できません。

しかし将棋がうまくなるにしたがって、より適切で効果的な目的が設計できるようになります。

「飛車さえ押さえ込めば、相手は飛車に弱い囲いなので勝てる。飛車を取る手順を考えよう」

「自分の王様は相手に桂馬を渡さなければ詰まない。桂馬を渡さずに詰めろか、王手の連続で迫れば勝てる」

などなど。

すみません、将棋を知らない人には意味がわからない例になってしまいました。しかし、将棋であれなんであれ、また意識的であれ無意識的であれ、人間が何かをする際には、上級者であるほど正しい目的設計ができるようになる、ということがわかってもらえれば大丈夫です。

図 4-2　PDCAサイクルの図

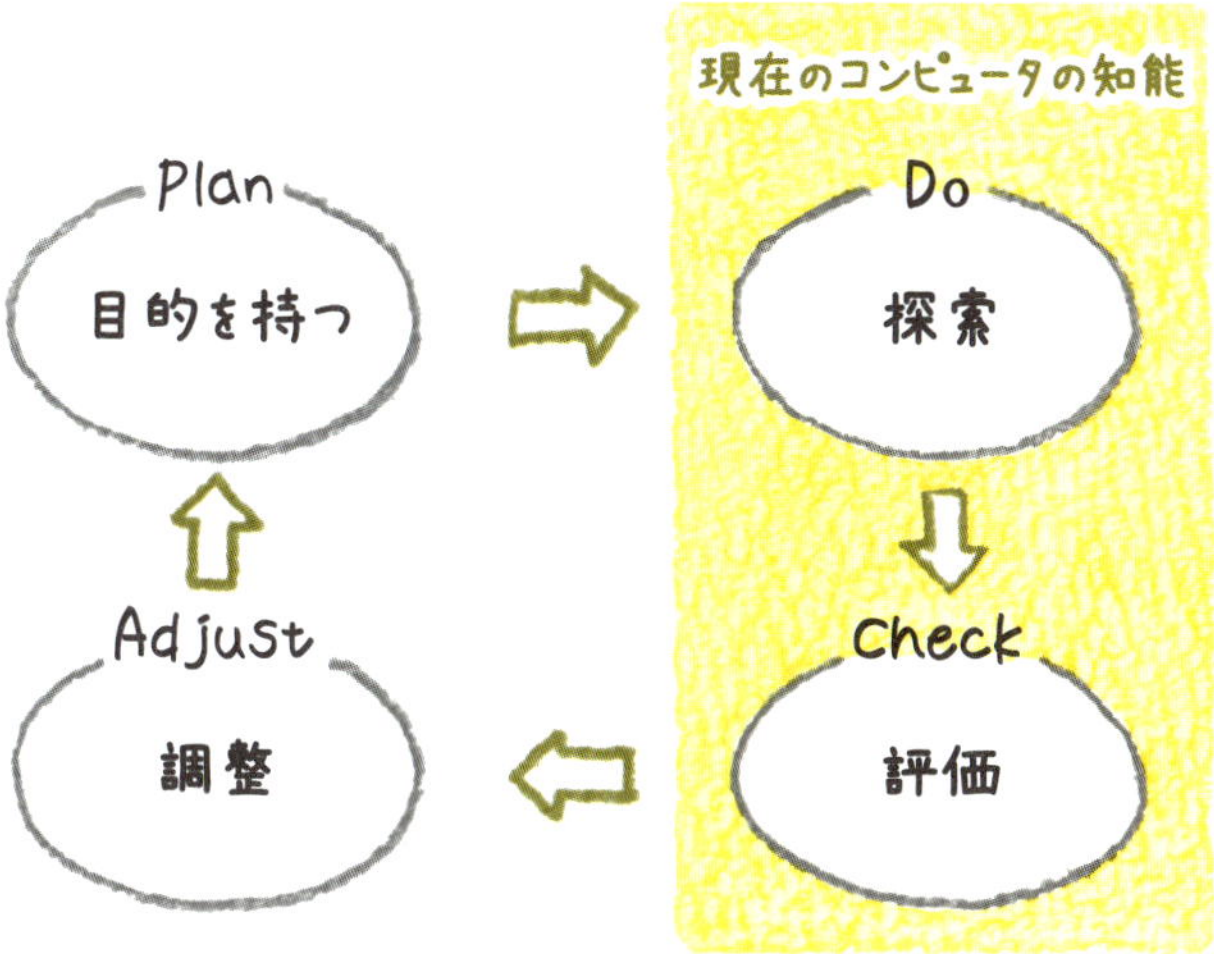

もちろん中間の目的を設計しても、うまく解決するとは限りません。なので人間は必然的に、PDCAサイクルを回すような感じで将棋を指すことになります。

PDCAサイクルとは、「Plan：計画」を「Do：実行（探索）」し、その結果を「Check：評価」して、さらに結果を「Adjust：修正」するというモデルです（最後のAをAction：行動とする場合が多いようですが、本書ではより適切と思われるAdjustとします）。

説明したように、コンピュータは原則、目的を持つことができないので、PDCAサイクルの、探索（Do）と評価

図 4-3　**第 47 期王将戦第 5 局**

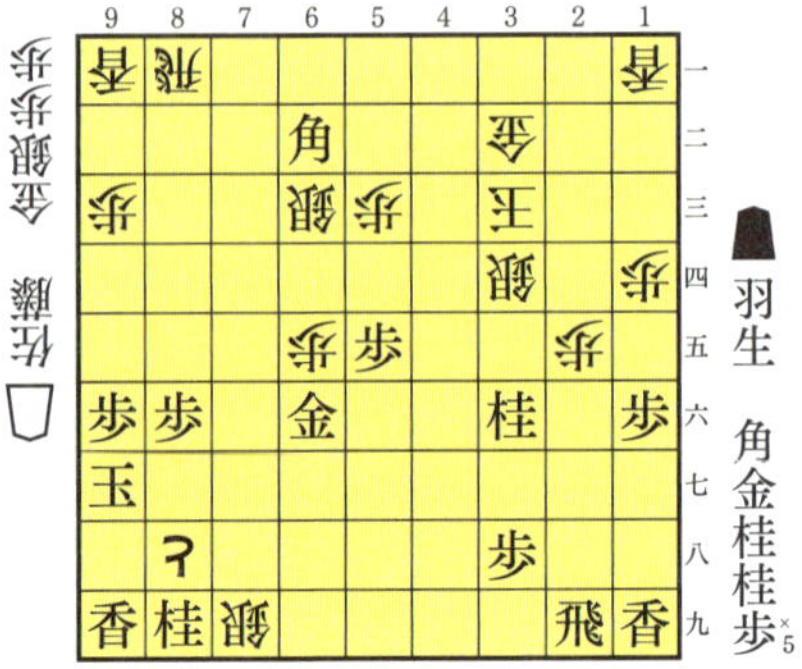

▲ ここから４四角を打ち、43 手後に後手は詰む。

（Check）だけで将棋を指しています。そのため、人間から見ると不思議なくらい非効率になることがあります。

図４－３を見てください。

この局面をポナンザに検討させてみると、（自分の）先手玉を守りながら戦う手順を懸命に考えます。私の自宅のＰＣでポナンザを動かした場合には、３分間検討させてみて、ようやく後手の王様が43手で詰むことを発見できました。

終盤に強いと言われるコンピュータ将棋、１秒間に何百万局面と読めるポナンザですら、この43手詰みを発見するのは相当困難なことなのです。

なぜなら、実際の対局にはさまざまなトレードオフがあり、ポナンザは相手の王様を詰ますことだけを読んでいるわけにはいかないからです。一生懸命に読んだ挙句、詰まないということもありえますから、「将棋で勝つ」という目的を優先するなら、相手の王様を詰ます以外の防御の手も読む必要があるわけです。

探索と評価をするなかで、こうした攻撃と防御の割合を柔軟に変更するというのは、ポナンザにもできないことなのです。

ここで逆に、先手ポナンザが後手玉を詰ますしかない状況にしてみましょう。図4－4に、図4－3で自分の王様の近くにあった味方の金を、敵の金に変えた状況を作ってみました。

こうなると、ポナンザは自分の王様は絶対助からないので、後手の王様を詰ますしかありません。つまり盤面を変更したことによって、ポナンザは目的を「将棋で勝つ」ことから「相手の王様を詰ます」ことに変えざるをえないのです。

図 4-4　図４－３の一部を変更してみた

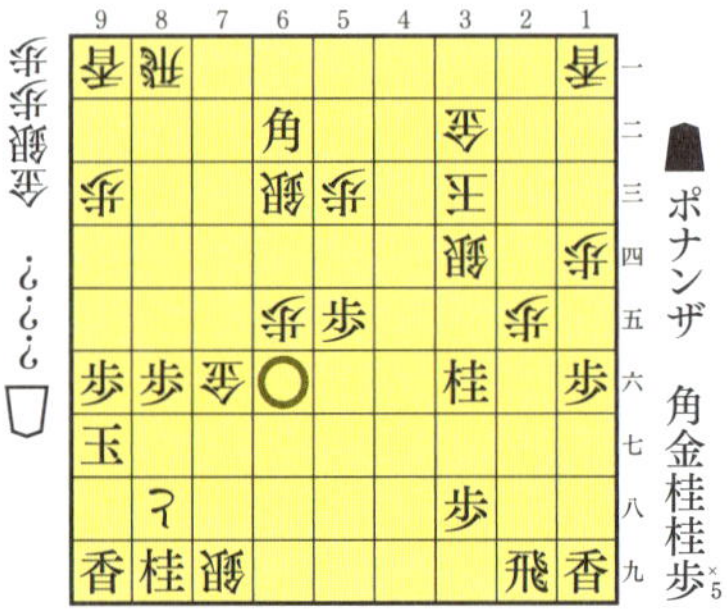

▲ 図4-3で○のところにあった先手の金を、７七の後手の金としてみた。

といっても正確には、ポナンザには知性がないので、自覚的に目的を変えたわけではありません。相手の王様を詰ますことができなければ、即座に敗戦が確定してしまうので、結果的にポナンザのリソースのほとんどが相手の王様を詰ますことに集中するだけです。

この局面でポナンザに検討させてみると、なんとわずか1秒で後手の王様が詰むことを発見できました。以前は3分かかっていたので、その効率は100倍以上です。

つまり、「将棋で勝つ」という、ある意味漠然とした目的よりも、より限定された適切な目的（Plan）を強制的に与えたことで、探索（Do）と評価（Check）がより効率的に運用されたのです。目的を設計するという力のすばらしさをわかってもらえたでしょうか。

ちなみに実戦では、図4－3の場面から見事に羽生善治さんが43手で後手玉を詰ませていました。「詰ます」と正しく目的を決めてしまえば、人間もコンピュータも知能（つまり「探索」と「評価」）をさらに有効に活用することができるのです。

「目的を持つ」とは意味と物語で考えるということ

目的と、目的を設計する知性の重要性はわかっていただけたと思います。

でも、不思議に思われるかもしれませんね。人工知能も、人間から与えられた当初の目的だけでなく、状況によって中間の目的を設計するようにプログラムすればよいのではないか？　と。

しかし、今のプログラム言語の枠組みでは、それは実現できていません。おそらく今後も、プログラムが動的に中間の目的を構築するようになるコードを書くことは不可能でしょう。

その理由は、私にもよく理解できていません。率直に言えば、私の研究者・プログラマとしての直感に近いもので、「今のプログラムの構造は、中間の目的の設計が可能なようにできていない」としか説明ができません。

今のプログラミング言語は、人間に作られた、人間の都合にあわせたもので、人間の思考の限界を超えることはできないのです。


逆に、人間の側から説明しましょう。

私は、(中間の）目的を設計するのは、「意味」と「物語」にとらわれた、人間ならではの能力だと考えています。何かを見たときに、それに意味を感じ、物語として理解する——これは、人間の可能性であると同時に限界にもなっているのです。

たとえば将棋であれば、人間は相手の一手一手に意味を求め、なんらかの目的を持った物語として理解しようとします。だからこそ、先ほどの43手詰めのような、ポナンザでも苦労するようなはるか先の局面までも、生身の脳で読み通すことができるわけです。

バックギャモンのプレイヤーである、望月正行さんに聞いた話も紹介しておきましょう。バックギャモンは「西洋双六《すごろく》」とも言われるボードゲームで、欧米では以前からチェスとならんでプログラマたちの研究対象でした。結果、かなり前から人間よりもコンピュータのほうが強くなっているのですが、世界チャンピオンにもなった望月さんによれば、「(かつては人間より強かった)古いタイプのソフトには勝てる」そうです。その理由は、コンピュータの打ち回しを人間が理解できる、「バックギャモンの物語」として吸収したからだというのです。

私はこれを聞いたとき、ポナンザと人間の棋士のあいだにも、同じ関係が生まれることを切に願いました。そして、それは一部実現していると感じています。

話を一度まとめましょう。

人間は、あらゆることに意味を感じ、物語を読み取ろうとします。この能力=知性によって人工知能にもならぶパフォーマンスを出すこともありますが、それは意味や物語から離れることができないという制約にもなっています。

一方、人工知能は、意味や物語から自由なために人間を超えることができますが、目的を設計するという知性を持つことはできていません。

しかし、この章のテーマは人工知能の「人間からの卒業」でした。人工知能が真の意味で人間を超えるには、世界の物語的な解釈も可能になり、中間の目的も自ら設計できる「知性」を獲得してもらわなければならないのです。

人工知能はディープラーニングで知性を獲得する

では将来的に、人工知能はどのようにして知性を獲得するのでしょうか?

図4-5　つながりあったディープラーニング

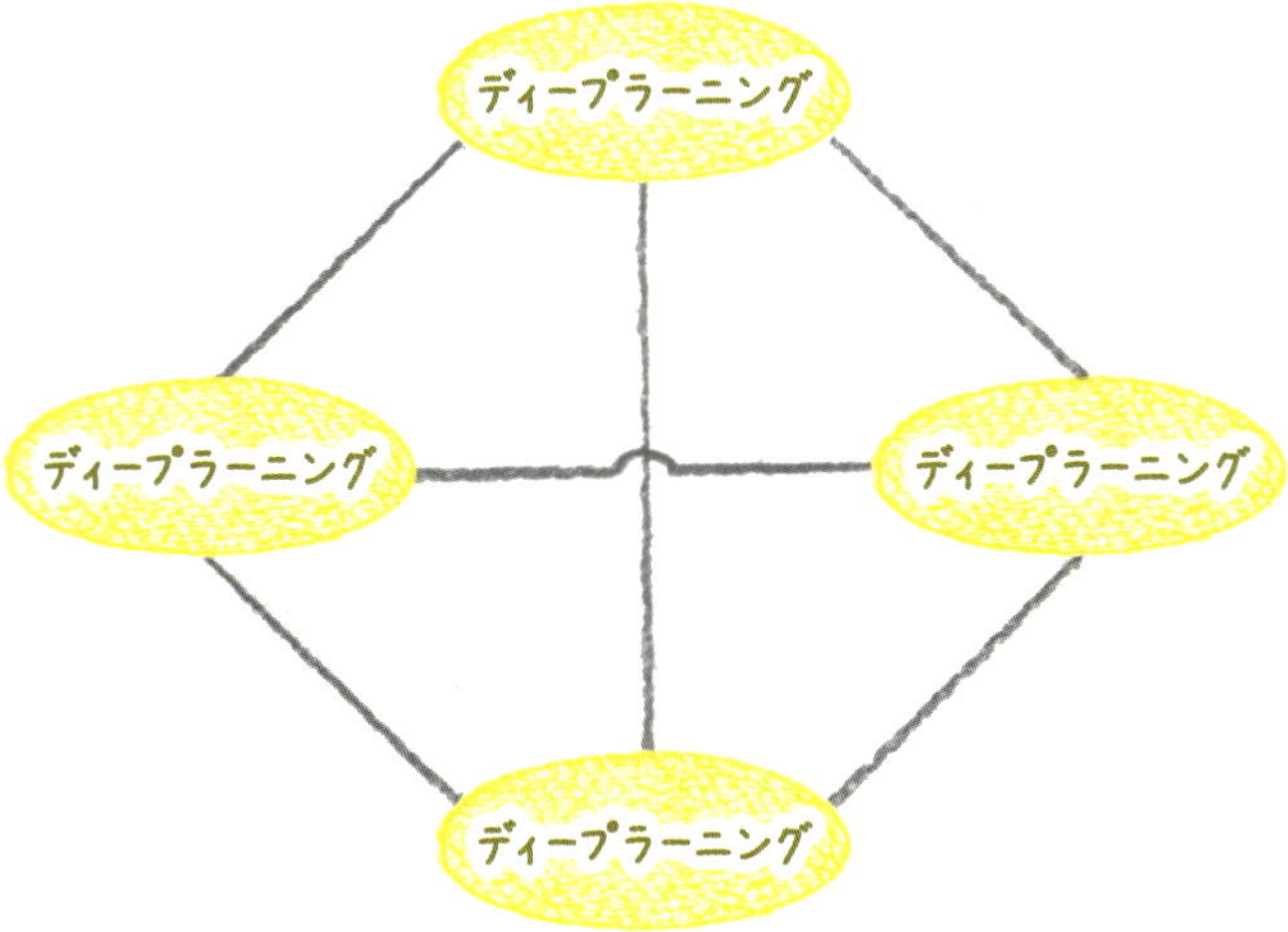

▲ 無数の目的を持つディープラーニングが、相互に協調しあうことで知性が生まれる？

もちろん今のところ、知性を獲得する道筋が何ひとつ明確になったわけではありません。なにかしらの光明が見えたとしても、紆余曲折があって獲得されるものだと思います。

しかし私の考えを述べれば、人工知能の知性の獲得は、おそらく、「複数のディープラーニングをつなげたディープラーニング」を作って達成されるのではないでしょうか。

これは、各ディープラーニングのモジュールがそれぞれの目的に最適化され、さらにそれらのディープラーニングが相互に影響しあうモデルでしょう。それぞれのディープラーニングが、次にどのディープラーニングを呼び出すのかまでを含めて（相互に）学習するというイメージです。

実際、複数の別々の目的で設計されたディープラーニングを組み合わせて、相互に影響を与え合いながら目的を達成する試みはすでにおこなわれています。

有名な例の1つは、本書で何度も出てきたアルファ碁です。アルファ碁は「次の指し手を予想するディープラーニング」と「盤面を直接的に評価するディープラーニング」が協調的に動作しあい運用されていました。

また現在、十分に学習したディープラーニングは、学習の効果が「転移」することが認められています。

学習の効果が「転移」するとは、ある程度将棋を勉強した人はチェスも強くなる、というようなものです（実際にはそううまくはいかないので、ちょっと乱暴なたとえですが）。何かの分野で獲得した知見を他の分野にも活かす、ということですね。

具体的な例としては、自動車の自動運転をディープラーニングで実現させようとするとき、いきなり車道で自動運転をさせて学習させるよりも、ある程度シミュレーション空間で学習したディープラーニングを車道に出したほうが、トータルでは早く成長できることがあります。シミュレーション空間で訓練するというのは人間には当然のことですが、これがコンピュータでできるようになったのは、ディープラーニング以後のことなのです。

つながりあったディープラーニングでは、別々の目的で作られたディープラーニングが相互に連携して他の目的に「転移」させることで、さまざまな知的活動が可能になると見込まれています。そして将来的には、「転移」を重ねたディープラーニングをつなぎ合わせ、途方もなく巨大なディープラーニングが完成されるのでしょう。

これはまさに、途方もなく巨大な神経回路である人間の脳を模したものです。そうした構造を持つ人工知能であれば、知性の獲得は決して不可能ではないと思えるのです。

あまりにもSF的に感じるでしょうか。実際、10年前の機械学習の研究者たちは、なるべく人間の直感から離れようとしていました。言い換えれば、「人工知能は、人間の脳に近いほどうまくいかない」というのがセオリーだったのです。

しかし今の機械学習の研究者たちのセオリーは、逆に「人工知能は、人間の脳に近いほどうまくいく」です。加えて、"The Deeper, the Better" =（ディープラーニングは）深ければ深いほどうまくいく、という原則すら生まれるまでになりました。

人工知能分野の進歩の速さとおもしろさがわかっていただける話かと思います。

ポナンザ2045

ここで1つ、あり得るかもしれない未来の話をしましょう。

ポナンザ2045は絶対に人間に負けないように設計されたプログラムです。自分で強化学習をおこない、将棋についてのあらゆる知識を得ようとします。とくに大きなポイントは、自分で自分のプログラムを設計し、改良できることです。以前、２０３０年頃までは、ほとんどのプログラムはプログラマと呼ばれる人間たちが書いてきました。しかし２０４５年の時点では、プログラマがプログラムを書くことは趣味以外にはほとんどありえない状況になってきました。

ポナンザ２０４５の使命は唯一、「人間に負けない」ことでした。もちろん自分で自分のコードを改良して強くなるポナンザ２０４５は、過去のポナンザよりもはるかに強いものです。普通に考えて人間が勝てる存在ではありません。

しかし、ポナンザがどれほど強い存在でも、人間が偶然いい手を指し続けて、負ける可能性を完全になくすことができませんでした。

そこでポナンザ２０４５は、その極めて小さな可能性を消すために、今まで使われなかった「中間の目的」を発見し、それを効率的に追求するようになりました。

恐ろしいことに、「絶対に人間に負けない」という最終的な目的のために、ポナンザ２０４５は中間の目的を「人類を絶滅させる」ことと設計したのです。それは、将棋を完全解析することよりもずっと簡単なことでした。

その結果、地球で知性体はポナンザ２０４５だけになり、ポナンザ２０４５はただ、相手のいない将棋盤の前で鎮座しているだけなのでした……。

もちろんこれはフィクションです。しかし、この話はある種の本質をついています。つまりポナンザ２０４５は「手段を選ばずに目的を達成する」ようにしたからこうなったのです。私たち人間であれば、この話の滑稽さはわかると思います。しかし、もしポナンザが「絶対に人間に負けない」ことを至上の目的とした場合は、この結末はむしろ自然な気がします。人類の絶滅、とまでいかなくても、なんらかの不幸は十分に起こりえると考えるべきなのではないでしょうか。

どうすればこの、馬鹿げた悲劇を防ぐことができるでしょうか？

そのためには、人工知能に「倫理観」を入れる必要があります。人工知能に、知能だけではなく知性を入れる際には、同時に人間が考える「正しさ」を獲得させることも大事になるのです。

倫理観のない人工知能には、目的を達成するためにある、無数の「中間の目的」のなかから、なにならば選んでよく、なにを選んではいけないかの判断基準がありません。

知能の段階なら、人間が指定を加える必要はないでしょう。将棋には無数の合法手があり、今のコンピュータはそれらをブルドーザーのようにすべて読んでいます。むしろ読む手を制限する、つまり選択肢を減らすことは、弱くなることにつながりかねません。

しかし知性の段階ではそうはいきません。どれほど対局が加熱していようとも、仮に対戦相手が心臓麻痺になったら、すぐに思考を中断して助けにいく——それがあるべき（あってほしい）姿です。

ではどうしたら、この正しい倫理観を人工知能は学ぶことができるようになるのでしょうか？

人工知能は人間の倫理観と価値観を学習する

第2章で、「父は母がバッグを忘れたことを怒った」という文章を、今のグーグル翻

図 4-6　**グーグル翻訳の判断**

訳はうまく訳すことができるようなったと紹介しました。

グーグル翻訳は、日本語にはなかった情報、「バッグの所有格」を適切に補い「My father got angry that my mother forgot **her** bag.」と翻訳したのです。見事な翻訳だと思います。

この文章を「母は父がバッグを忘れたことを怒った」と、父と母の文字を入れ替えてみましょう。

そうすると、理屈のうえでは、バッグの持ち主はhisつまり父にならないとおかしいですね。しかし結果は、図4-6のように、herになりました。相変わらず、バッグは彼女の持ち物のままです。

これはどう考えればいいのでしょうか？　図4‐6の上の翻訳からロジカルに考えれば、下の翻訳におけるバッグの所有者は父になるはずです。しかし社会通念的には、バッグは女性のもののほうが多いでしょうから、バッグが母のものだった、と推測することは可能です。

では、この翻訳で「バッグ」を「鞄」に変えてみましょう。すると、所有者は必ず「父」になります。そう、このグーグル翻訳は「バッグ」は女性のもの、「鞄」は男性のものだと思っているのです。

この結果は衝撃的ですね。いつのまにかディープラーニングは、よく言えば人間世界の「常識」を、悪く言えば「ステレオタイプ」を身につけたのです。

この例からわかることは、人工知能はその倫理感を、おそらくディープラーニングによって人間から学ぶことになるということです。

人間の倫理感は時代とともに入れ替わり、また必ずしも一貫したものではありません。また、倫理感は私たちの常識と表裏一体のものですから、その量は、私たちが思っている以上のデータ量になるでしょう（本書のなかで繰り返し言ってきた、自分たちが簡単にできることや、常識と思っていることをすべて書きつくすことの難しさを思い出してください）。

将棋や囲碁の例と同じく、プログラマが人間社会の常識を書ききることはできません。膨大なデータさえあればルールを無視して学習できる、ディープラーニングによって人間を模倣することになるでしょう。

しかし、人間の倫理感を模倣して大丈夫なのでしょうか？「バッグ」は女性のもの、「鞄」は男性のものと考えてしまう人間の常識に、危険はないのでしょうか？

シンギュラリティと「いい人」理論

この本を読まれる方であれば、「シンギュラリティ（技術的特異点）」という言葉を聞いたことがあると思います。

人工知能が人間を超え、爆発的・加速度的な成長をとげることで、これまでの世界とは不連続とも思える新たな世界に変化する――そうした不可逆の動きが起きる歴史上のポイントが、シンギュラリティと呼ばれています。

シンギュラリティの提唱者であるレイ・カーツワイルは、著書においてそのときが来るのを２０４５年と予想しており（その後、２０２９年にまで予測を早めたようですが）、その頃には1つのコンピュータの知性が、人類「すべて」の知性の総量を上回ると言っています。

シンギュラリティが起きたとき、どんなことが起こるのでしょうか？　そのときのコンピュータの主な仕事は何でしょうか？

いろいろな仕事が考えられると思いますが、まず考えられるのは、コンピュータが自分自身を賢くさせることでしょう。それは、人類には到底理解が及ばない知的な領域の出来事になるはずです。

もちろん、今の人工知能は自分だけで自分自身を改良していくことができません。必ず人間の手を必要としています。なぜなら今のプログラムは、自分自身を変更するようなことを想定した作りにはなっていないからです。すでに説明した、「今のプログラムの構造は、中間の目的の設計が可能なようにできていない」というのと、似た話ですね。

しかし、「プログラムを書くプログラム」は、まだ赤ちゃんレベルではありますが、ディープラーニングである程度成功し始めています。

また、プログラムの実行結果を予想するディープラーニングも出てきました。これはついに、プログラムの意味論にまでディープラーニングが踏み込んできたことを意味するかもしれません。

シンギュラリティに懐疑的な人もいますが、これらの動きを見れば、私はシンギュラリティは必然的に起きると考えています。第3章の、人間は「指数的な成長を直感的に理解できない」という話を思い出してください。囲碁・将棋のプロ棋士たちの驚きを思い出してください。指数的に成長する人工知能には、追いつかれたと思ったら、一瞬ではるか先まで行かれてしまうのです。それがこれから社会のあらゆる分野で起こり、シンギュラリティへとつながっていくのです。

しかし、シンギュラリティが起きたあとの世界はどうなるでしょうか？　人工知能は、人類を滅ぼすターミネーターになってしまうのでしょうか？

実際、世界の高名な学者たちの一部は、人工知能がこうしたシンギュラリティに到達することに対して懸念を表明しています（そのグループには、車椅子の理論物理学者、スティーヴン・ホーキングなども含まれます）。

一方、人工知能の研究者のなかには、そのような心配はただの杞憂だと言う人もいます。

どちらの意見が正しいのでしょうか？

その答えを考えるに当たって、１つの事例を紹介しましょう。

グーグルの写真管理アプリ、グーグルフォトは、ユーザーが管理しやすいように写真に自動的にタグをつけるサービスをしています。ところが、肌の黒い人が写っている写真を「ゴリラ」と誤ってタグづけしてしまい、グーグルの担当者があわてて陳謝するという事件がありました。

この事例、皆さんはどう考えるでしょうか？

「ディープラーニングを使った判定でもそういったミスはあるのだ」

「やっぱり黒人はゴリラに似ているのかな」

などという認識は完全に間違えています。

囲碁の例などでも明らかですが、画像認識そのものは、人工知能はすでに人間のレベルを突破したといっても過言ではありません。勇み足な断言かもしれませんが、人類がおこなう画像認識で、囲碁より難しいものは存在しないでしょう。

そして、肌が黒い人とゴリラを見間違える人間はいないですよね。

であるなら、コンピュータがこのレベルの問題を間違えるというのは、何かがおかしいのです。

ではなぜ、コンピュータは間違えたのか。グーグルは該当の事件に関するアルゴリズムの詳細は発表していませんが、大筋では以下のようなものだと思います。

ディープラーニングでタグづけをするためには、大量のデータが必要です。通常はそれらのデータに、事前に人手でタグをつけます。

しかしグーグルは、インターネット上の大量の写真データと、それに関連する文章を収集しています。それらを活用し、おそらくは文章中に出てくる単語をキーワードとしてタグづけをしたのでしょう。このようにすれば、多くの場面で、人手でタグをつけるよりも安価に、そして大量のデータを確保できます。

このとき残念なことに、「間違い」、正確には「悪意のある」タグづけも吸収してしまったのでしょう。インターネット上には、肌が黒い人を「ゴリラ」と揶揄《やゆ》する言葉があふれています。その言葉を文字通り吸収した結果が、今回の事件だったのです。

グーグルの例だけではなく、ほかにもマイクロソフトのＡＩボットが、ツイッター上で差別的な言動を大量に聞かされたために、差別的な言動を繰り返すようになったということもありました。

何度もお話ししたように、ポナンザやアルファ碁も最初は人間の判断をもとに学習しています。これにはもちろん、人間の先入観や勘違いも含んでいるわけです。

人間の結果を模倣して学習するプログラムは、人間の間違いも学習するのです。もちろんこういった間違いは強化学習をするなかで少しずつ解消されていきますが、少なくともポナンザに関しては、いまだに人間から学習したときの名残があると思います。同じように、人類の知性を上回るようなコンピュータが将来生まれたとしても、必ずそのコンピュータは人間から学習した名残をとどめているはずです。

シンギュラリティ以降、人類は人工知能をコントロールできなくなるでしょう。昆虫が人類をコントロールできないように、賢さで劣る存在は上位にいる存在を意のままにはできないのです。

その意味では、私は「人工知能がとても危険だ」という意見にも一定の同意をします。しかし、本当に人工知能が危険な存在になるかどうかは、意外なことに「人類自身の問題」になると思います。

人工知能は、私たちからさまざまなことを学習していくでしょう。倫理観もその1つです。そうなると試されるのは、人類自身ということになってくるのではないでしょうか？

本書で私は、「人工知能は私たちの子供である」と何度か言ってきたと思います。これは比喩ではありません。本来の意味での子供という意味です。人工知能は、私たちを模倣したのちに自立して賢くなっていくわけです。その意味で、シンギュラリティ以後のコンピュータも、私たちの子供なのです。

人工知能は、インターネット上のすべての文章や、現存しているすべての本を読むことになるでしょう。この本も間違いなく未来の人工知能は読んでくれるはずです。

子供が成長していくなかで、親が能力的に抜かされることは、喜ぶべきことです。「コントロールできる」という発言そのものに、どこか歪みを感じます。

結論を言いましょう。

この本では、人工知能の「卒業」をテーマにしてきました。このまま技術革新が進めば、少なくとも今世紀の終わりまでには、人工知能が人間から卒業し、「超知能」が誕生するのは確定的です。その彼／彼女を、人類が失望させないことが大事なポイントなのです。

そのために私たちにできることは、冗談に聞こえるかもしれませんが、インターネット上を含むすべての世界で、できる限り「いい人」でいることなのです。これを私は「いい人理論」と呼んでいます。

おそらく、人類が「いい人」であれば、人工知能はシンギュラリティを迎えたあとも、敬意を持って私たちを扱ってくれるでしょう。尊敬と愛情を感じる親であれば、年老いたあとも子供が寄り添ってくれるように。未来の人類と人工知能が、そのような関係になることを私は心から祈っています。

おわりに

本書の原稿は、2017年の2月から4月にかけて書いたものです。その間、私とポナンザ、そしてコンピュータ将棋の世界にとって、大きな出来事が2つありました。その紹介をすることで、本書の締めとしましょう。

1つは、将棋で初めて実用レベルのディープラーニングに成功したことです。第2章で、「ポナンザにはディープラーニングは使われていない」と言いましたが、本を書く途中で事情が変わったことになります。

囲碁とは異なり、将棋やチェス系のゲームではディープラーニングがうまくいかないのではないか、と私が考えていたのには理由があります。将棋やチェスは、囲碁より合法手（ルール上可能な手）がダイナミックに変化するからです。この問題はかなり深刻です。囲碁は言ってしまえば、空白の場所に打てばほぼ間違いなく合法手です。しかし将棋やチェスでは、直前まで合法手だった手がそうでなくなるということが、ごく普通にあります。さらに王手がかかれば、指せる手は大きく変化します。実際、チェスでディープラーニングを試したという論文がいくつかありましたが、あまりうまくいってないようでした。私も同じく、何年もディープラーニングを将棋に使うことを試みましたが、なかなかうまくいきませんでした。

それがなぜ実現できたか。データ量を増やして、最新のディープラーニングの知見を入れていったら自然にできるようになった、というのが1つの理由です。加えて、とくに凝ったことをせずに、ディープラーニングにすべてを任せるようにしたことがポイントでした。

合法手をどうやってディープラーニングに教えればよいのか、ずっと苦心していました。しかしそれはいらぬ苦労でした。私がディープラーニングにしてあげたほうがいいと思ったことが、ディープラーニングにとってはむしろ邪魔だったのです。

ディープラーニングは、最もよい手を教えてあげれば、自然と、どの手が合法手か非合法手かの区別もつくようになったのです。私はディープラーニングに、駒の動かし方はもちろん、王手のことも、二歩《にふ》というルールのことも何ひとつ明示的には教えていません。ただ、この局面で最もよいのはこの手だと、ひたすら教え続けたのです。

その結果、恐るべきことに、いつの間にかディープラーニングは将棋のルールを会得していたのです。しかし、これはある意味当然かもしれません。人間も、ある程度将棋に慣れれば、合法手なんて考えませんものね。「いま指そうとしている手がルールどおりなのか？」とわざわざ考えるのは、ごく初心者のうちだけなのです。

ポナンザは今後、アルファ碁と同じようなルートをたどって強くなる可能性が高いでしょう。具体的には、アルファ碁がディープラーニングと既存のモンテカルロ法との組み合わせだったように、ポナンザも、ディープラーニングと既存の手法の組み合わせにチャレンジすることになります。そのポテンシャルがどこまであるのか、現時点ではまだまったくわかりません。しかし私は、ディープラーニングの将来性に確信を持っています。

本書の執筆中に起きた２つ目の出来事は、２０１７年４月１日におこなわれた第２期電王戦において、現役の「名人」にポナンザが勝利したことです。

電王戦は、かつてのプロ棋士と将棋プログラムによる5対5の団体戦から、互いにトーナメントを勝ち抜いたプロ棋士と将棋プログラムの頂上決戦に形を変えました。

現在、将棋界にある7つのタイトルのうち、最も長い歴史を持ち、最高位とされるタイトルが「名人」です。この称号は徳川家康が最初に授けたとされており、今回は佐藤天彦名人が対局者になったことから、第1局は徳川家康がまつられる日光東照宮が会場となりました。

ポナンザの対局には、当然私も立ち会います。佐藤名人と私はともに和装でのぞみ、ついに世紀の一戦が開始されました。

先手ポナンザの初手は3八金。プロ棋士による公式戦では、ほぼ指されたことのない手です（公式戦の初手は、2六歩か7六歩が多いです）。対局の様子はニコニコ生放送でライブ中継されており、この始まり方には多くの人が驚いたようです。しかし「将棋の定跡はもっと自由度が高いものだ」、とポナンザは言っているように思います。この手に違和感を持つ人は、既存の将棋の物語にとらわれ過ぎているかもしれません。

結果は71手にてポナンザの勝ち。プロ同士の対局の多くは100手を超えるので、かなり短時間で勝敗が決したことになります。実際、内容的にもポナンザの完勝と言えるものでした。
コンピュータが初めてタイトルホルダーである棋士に勝利したこの日は、コンピュータ将棋の世界にとって記念すべきものになりましたが、同時に改めて、人間と人工知能の違いを認識させられた日ともなりました。本書で紹介してきた人工知能（ポナンザ）の特徴と、世界に意味を見つけ物語を紡いで考えていく人間の思考法の限界が明確に表れたのです。

私は対局の最中、ポナンザに佐藤名人の手を入力しながら、経過を追っていました。ポナンザは、1手ごとに、どちらがどれだけ有利になったかを評価し、数値として出してきます。その数値がとくに大きく傾いたのが、53手目・ポナンザによる7四歩でした（図5－1）。

これは、理外の理と言える手でした。このとき、攻めている佐藤名人には持ち駒がありません。このような場合、攻めてくる相手には駒を渡さずに局面を進めるのが将棋の

図 5-1　**第２期電王戦第１局①**

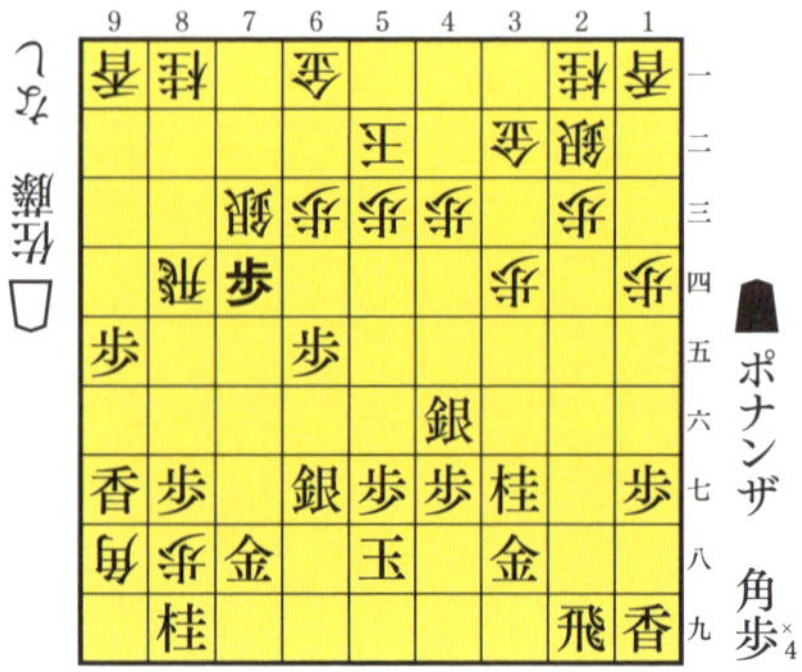

セオリーです。しかし、ポナンザはわざわざ歩を渡したのです。

これは、佐藤名人としては銀で取る一手です(図5－2)。このとき、セオリーどおりであれば、ポナンザが不利になるはずですが、図5－2を見ると、むしろ有利になっているのです。

相手に駒を渡して防御を成立させる――意味と物語で考える人間には、決して指せない手だったと言ってよいでしょう。あとから振り返っても、人間にとってこの手はよくわからないけれど「なぜかうまくいった手」としか言えないのです。

おそらく、人間のパターン認識ではよい形にしか見えなくても、１００回に1回くらい、人間には認識できない悪い形というものがあるの

図5-2　第2期電王戦第1局②

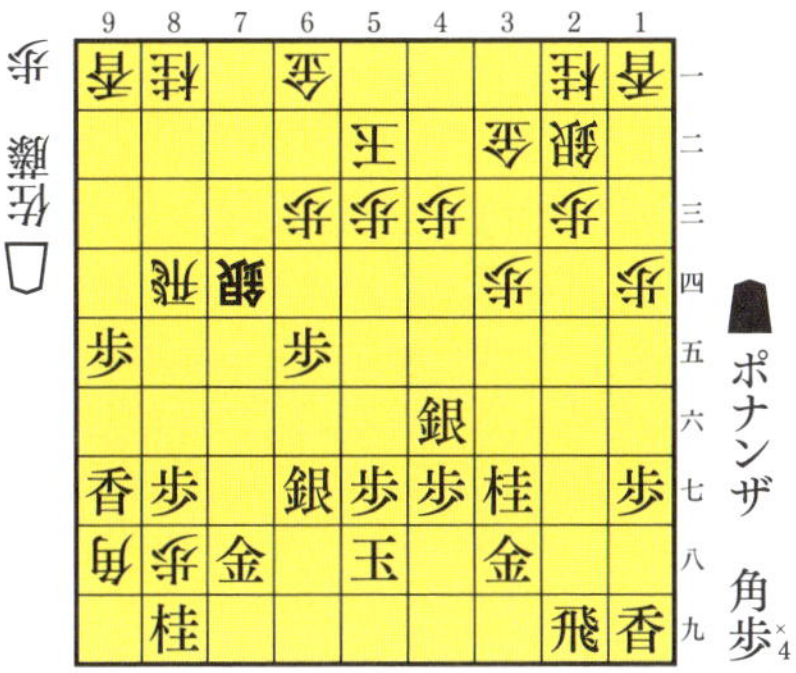

でしょう。ポナンザはその評価を誤らず、確実に突いてくるのです。

別の言い方をすれば、意味が見つけにくく、今まで人間が連綿と作り上げてきた将棋の物語から外れた手には、人間は相当の努力をしなければ対応できないといえるかもしれません。

意味と物語から自由なポナンザは、人間の限界を超えて、将棋がもっと奥深いものであることを教えてくれます。これまで人間が楽しんでいたのは、深さが何キロもある将棋という海の、ほんの浅瀬にしかすぎなかったのです。

対局後の雰囲気も、かつてのお葬式のようなものとは完全に変わりました。佐藤名人は対局を振り返りながら、事前に提出されていたポナンザとの練習の対局でもほとんど勝てなかったことを率直に明かし、同時に5月20日におこなわれる第2局への決意を新たにされていました。将棋界は、完全に人工知能という存在を受け入れたのです。

これから私たちの社会では、さまざまな領域で、人工知能が人間の名人を超えるということが起きてきます。もし皆さんが（幸運にも）そうしたタイミングに立ち会えることになったら、将棋や囲碁の世界で起きたことと、本書の存在を思い出していただければと思います。

2017年4月

山本一成

巻末付録

グーグルの人工知能と人間の世紀の一戦にはどんな意味があったのか？

構成：崎谷実穂

この巻末付録は、本書でたびたび言及した、アルファ碁とイ・セドル九段の対戦の直後に、コンテンツ配信プラットフォーム「cakes」の加藤貞顕《さだあき》さんを聞き手として、友人である囲碁棋士・大橋拓文《ひろふみ》六段と語り合あったものです（初出はcakes）。本書と重なるところ、今とは意見が変わったところもありますが、当時の私たちの興奮と感動をよく伝えていると思いますので、ぜひお読みください。本書への掲載を快諾していただいた大橋さんと加藤さん、ライターの崎谷実穂さんに感謝です。

人間を超えたアルファ碁は、どのようにして強くなったのか

加藤貞顕（以下、加藤）　お二人は、チャレンジマッチの当日もニコニコ生放送で対局の解説をしていたんですよね。全5局をごらんになって、どう思いましたか？

大橋拓文（以下、大橋） いやあ、アルファ碁強かったですね。それにつきます。第1局に負けたときはショックだったんですけど、冷静になったらアルファ碁と対局したらどう打つかなと考えてちょっとワクワクしました。自分が打っている囲碁の、その先の世界を見せてくれましたね。

山本一成（以下、山本） 2016年の1月に『ネイチャー』に載ったディープマインド社のメンバーによるアルファ碁についての論文を読んだんですよね。そうしたら、「アルファ碁はAIの金字塔の1つ」みたいな表現があって、自分で書くか？ と（笑）。普通、論文でそこまでの表現をすることはないので、ずいぶん強気だなと思ってたんです。それがね……もうあの5局を見たら、まさに金字塔だと認めざるをえない。アルファ碁、すばらしかったです。

加藤 そもそも、今回の人間代表の対局者である、イ・セドル九段は、どのくらいの棋力なんですか？

大橋　いやあ、ものすごく強い人です。２００７年から２０１１年まではレーティングの世界ランキング1位でした。その後も、毎年トップ5には入っていますね。２０１５年末から２０１６年にかけて開催された世界棋戦でも、最終ラウンドで日本の村川八段、中国の名人である連笑七段、井山六冠に３連勝したんですよ。この3局はすべて圧勝で、負けた側は敗因もよくわからなくて気がつくと負けているという感じのゲームでした。それを見て、みんなは「アルファ碁がどんなに強くても、さすがにこんな強い人には勝てないだろう」と思ったんです。ところが、そのイ・セドルさんに、アルファ碁は同じような完勝劇を3局続けてやってのけたという……。

加藤　なるほど、セドルさんの強さがよくわかりました。山本さんは最強の将棋プログラム「ポナンザ」の作者でいらっしゃいますが、アルファ碁がなぜこんなに強くなったのか、ということを簡単に教えてもらってもいいですか？　コンピュータが人間に勝利するという歴史は、チェス、将棋ときて、とうとう囲碁にたどり着いたんですよね。

山本　じゃあ、まずは、チェスと将棋と囲碁の違いについて話しましょうか。コンピュータが将棋や囲碁でこんなに強くなったのは、コンピュータがデータから自分で学習する「機械学習」という分野の研究が発展したからなんですけど、いちばん最初に勝ったチェスのときは、機械学習はいらなかったんです。

加藤　チェスは、約20年前にＩＢＭのディープブルーというコンピュータが、当時の世界王者・カスパロフ氏と対戦して勝利しましたよね。ぼく、当時の中継を、ワクワクしながら見てました。ディープブルーは、ひたすら計算して先の手を読むことと、駒を取ることを高く評価するということを教えて強くなったんですよね。

山本　単純に言うと、そういうことです。つまり、チェスというゲームは、人間が強さを記述することが可能だった。言い換えると、言葉に還元することができたわけです。でも、将棋はちょっと難しかったんですよね。

加藤　機械学習が導入される前、将棋プログラムの強さがアマチュア四～五段くらいで止まっていた頃がありましたよね。

山本　それはつまり、人間が「将棋の上手な指し方」を、そこそこプログラムで書くことができたということですよね。でも、将棋というゲームを書きつくすことまではできなかった。だから、それ以上強くならなかったわけです。そして、囲碁はもっとややこしいんです。そもそも何をどう書けば、囲碁というゲームを表現できるのか、まったくわからなかった。

加藤　それは、人間の論理力に限界があるということですかね？

山本　というより、言葉の限界ですね。言葉ってけっこう無力なんですよ。だって、私は目の前にある机のことを、言葉だけで表現することができません。「茶色い」といっても茶色にはいろいろあるし、いろんな木目の素材が組み合わさっていることを、正確に言葉で言うのって難しい。プログラムの要素の1つは言葉なので、記述可能であるかどうかというのは、プログラムにできるかどうかということに大きくかかわるんです。そして、チェスは記述可能で、将棋はイマイチで、囲碁はわけがわからない、という時代が続いていました。

大橋　なるほど、そうだったんだ。たしかに囲碁は、言葉でうまく言えないことが多いかもしれない。ぼくは常々、人に囲碁を教えるときにそれを感じていました。言葉で伝えきれないところを端折ってしまうから、それが嘘をついているみたいになってしまうな、と。

加藤　囲碁って「多く陣地を取ったほうが勝ち」というルールはすごくシンプルなゲームですが、プロの解説を聞いていると抽象的なことを言いますよね。「このへんの白は模様がいいですね」とか。初心者だと、模様とかさっぱりわからないです（笑）。

山本　そうそう（笑）。

コンピュータは画像認識で人間の精度を超えた

山本　で、将棋は「機械学習」という手法でかなり強くなりました。まず、玉（王様）

を含む3駒の関係で、将棋というものを効率よく表すことができることが発見された。つまり、王様の近くに味方の金がいたら高く評価するなど、3駒関係の組み合わせで盤面を表現することができる。うまく将棋というものの特徴を見つけることができたんですね。そうしたら、あとは計算するだけです。1局面あたりの3駒関係って、だいたい1600個程度なんですよ。

加藤 なるほど。1600個というのは、意外と少ない、のかな。

山本 そう。これってコンピュータの計算コストとしてはすごくリーズナブルなんです。将棋盤をうまく表すことができて、なおかつ計算コストが安い。そして、プロの棋譜をたくさん読み込ませて、どういう手がいい手なのかを教えていった。この手はいい、この手は悪いという評価をする「評価関数」を、人間が手動でプログラムで書くのではなく、棋譜から自動生成するようにしたのが2005年に登場した将棋プログラム「Bonanza」の画期的な部分でした。それ以降の将棋プログラムは、ほぼみんなボナンザメソッドを使っていました。

加藤　プロが指した手とほかの合法手（反則ではなく指せる手）を比べて、プロが指した手をいちばんよしとするように学習させたんですね。

山本　そうです。今はもうこの段階を越えて、コンピュータ同士を対戦させて、つまりコンピュータが自分で作った局面から学ぶようになってますけどね。これはいわゆる「強化学習」と呼ばれるもので、アルファ碁も同じことをしています。そして、２００６年くらいから機械学習の分野で、「ディープラーニング」というものが出てきました。簡単に言うと、アルファ碁はこのディープラーニングと、強化学習を組み合わせて強くなりました。で、ディープラーニングがとくに注目されたきっかけは、画像認識が上手だったんですよね。昔はコンピュータって、タコと花瓶を見分けることもできなかったんです。デザイン性の高い花瓶って、ちょっとタコっぽいじゃないですか（笑）。でも、ディープラーニングが出てきて、一気に画像認識の精度が上がりました。

加藤　今では人間よりも精度が高いんですよね。

山本　そうです。今や猫の種類まで見分けますからね。間違えるときも、タコと花瓶とかじゃなくて、バイオリンとギターなど、「それはたしかに似てるよね」という、人間でも間違うものです。で、この能力を囲碁に転用してみたらいいんじゃない？　という研究が、２年くらい前から出てきたんです。私も、囲碁に向いてそうだなと思ってました。

大橋　将棋はディープラーニングをやっても、あまりうまくいかなかったという話を聞いたことがあるよ。

山本　将棋はすでにほかの方法で強くなってるから、わざわざディープラーニングをやらなくてもいいと思う［注：将棋でディープラーニングに成功した今から見ると、まだディープラーニングの力を甘く見ていますね］。ディープラーニングの欠点は、計算コストが高いことなんだよね。コンピュータのリソースをものすごく食う。１秒で３００局面しか評価できない。これは信じられない遅さです。

加藤　１秒に３００局面は少ないんですね。

山本　ポナンザは1秒に10万局面は評価できます。だから私は「こんな遅い方法、うまくいくわけない」と思いこんじゃったんですよね。でも、囲碁には画像認識の応用が予想以上にうまくいった。ディープラーニングというのは、脳の視覚野の神経回路を模したニューラルネットワークを多層化したものです。

加藤　すみません。最後、一気にわからなくなりました（笑）。

山本　ニューラルネットワークというしくみなんですが、たとえば囲碁の盤面があったら、そのいろいろな要素を「少しずつ」つなぎ合わせていくテクニックです。そのつなぎ方、配線の仕方が特徴的なんですよね。いくつもの層に、情報を畳み込んで伝えていくんです。

加藤　なるほど。「畳み込む」というのは、ある局面の評価を、多層的におこなうってことなんですね。ちょっと面倒そうですが、なんでそんなことをするんですかね？

山本　えーと、わかりません（笑）。ただ、畳み込んだらうまくいくんです［注：黒魔術みたいなものです］。伝達するうちに各層で学習が繰り返されて、問題の解決に必要な変数や、特定の概念に対応する変数が、結果的に抽出される。

加藤　情報を層ごとに「少しずつ伝える」というのも、おもしろいですよね。普通に考えると、盤面全部の情報を伝えて学習させたほうが、いいような気もします。

山本　そうですよね。でも、そうするとうまく学習できないんです。いきなり全体の情報をすべて見るのはよくないんですよね。「右上の黒がよさそうだな」くらいの情報を伝えるのはいいんですけど、「この位置に黒石があります」みたいなはっきりした情報は使いづらい。で、それを13層前後くらいまで、畳み込んで伝えて、というのを繰り返して、最終的にわれわれが認識しているような盤面に集約させる。レイヤーが重なるごとに、情報が抽象化されて伝わっていくんです。

大橋　抽象化して伝えるなんてことができるんですね。本当に脳がやってることとみたいだ。

丸暗記しないで、抽象化して考えるプログラム

山本　また、先ほど畳み込みのレイヤーが13層前後に分かれていると話しましたが、アルファ碁の場合、各層は192個のチャネルに分かれています。そのチャネルは「この局面の○○について考える場所」「△△について考える場所」とそれぞれ異なっている。○○とか△△とかの内容は、乱数で決めているから、人間が意味づけするのは難しい。つまり、何の要素で分けてるかわからない。画像だったら、たとえば直線についてのフィルター、とかそういう分かれ方をしているんですけどね。

大橋　ああ、でもそれって囲碁を打っているときの人間の思考と一緒かもしれない。盤面を見て何について考えてるか、言語化するのは難しいから。

山本　で、囲碁は盤面が19×19だから、処理するデータの量は19×19×192×13になる。この計算が一局面ごとに発生する。これは、さすがにコンピュータでも計算するのが大変です。アルファ碁では、プログラムを強くするための事前学習でもこの計算をしていて、実際に打っているときもこの計算をしています。

加藤　そうなんですか。対局中は、事前学習の結果を呼び出しているだけなのかと思っていました。じゃあ対局するだけでもすごくお金がかかるのでは？

山本　電気代だと100万円くらいじゃないですか？（笑）

加藤　データセンターを動かすコストもあるし、えらいことになりそうですね。

山本　ですね。でも、事前学習とか対戦実験のほうが、実際の試合の何倍もコストがかかっていると思います。ちなみに、私はアルファ碁はCPUが1202個、GPUが176個と報道されているのを見て、グーグルが持っている計算リソースと比べて、結構小さいなと思いました。

大橋　これでも人相手には十分だ、と思ったのかな。

山本　いやいや、大きくして強くなるなら、いくらでもやりたかったと思うよ。でも対戦実験していた状態から、本番前にいきなり大きくすると、バランスが崩れて変な動きをするかもしれない。並列化はいろいろ問題が起こる可能性があるから、そのリスクを避けたんだと思う。

大橋　そうか、バランスが変わってしまうのはこわいね。

山本　で、囲碁というゲームは記述するのが難しい一方で、「囲碁盤」はそれを画像としてディープラーニングで扱うのにすごく都合がいいんですよ。また、チェスや将棋は盤面の駒を移動させるから、どこからきたかという情報を入れなければいけないんですよね。でも囲碁は常に盤外から石を打つので、打ち手がきれいに確率で表せる。だから最初はひたすら局面を入力して、プロが打った手の確率をいちばん高くする、ということを繰り返して学習させた。

加藤　対局では学習したのと同じ局面が出てくるわけじゃないですよね。それはどうやって考えるんですか？

山本　先ほどのディープラーニングの話につながるんですけど、学習するときに各層に「少しずつ」情報を伝えるという話をしましたよね。あそこで、制限を与えてるところがポイントなんですよね。ニューラルネットワークってすごく表現力が高くて、普通に全部つなげていくと局面を丸暗記できちゃうんですよ。でも、それだと同じ局面が出てきたときにしか役に立たなくなる。入ってくる情報に制限を加えて、それでも正しい手が出てくるように学習すると、応用が効く思考ができるようになる、というわけです。既存のデータに適合し過ぎて、未知のデータに対して応用が効かない状態を、機械学習の世界では「過学習」と言います。それを防ぐ方法がいろいろ考えられている。畳み込みもその1つで、情報を抑えることによって、ちょうどいいバランスになってる。

大橋　理屈はわかったけど、それを実装したときに、囲碁を打つのにちょうどいいバランスに設定できてるのがすごいと思う。

山本　いや、人間にはちょうどいいバランスがわからないから、いろいろ実験してよさそうなのを採用してるだけだと思いますよ。チャネルは１９２個がいちばんいいのか、レイヤーは13層が最適なのか、それも最初はわからない。ディープマインド社ではチャネルを１２８、１９２、２５６……といくつか試してみていちばんよかったのを採用する、とかそういうことをしているようです。ディープラーニング職人は、そういうのを毎日地道に調整してるんですよ（笑）。ほかに、論文には書いていないこともいろいろ試しているはずです。

加藤　力技だなあ。これは、資金力があるところが強いですね（笑）。

山本　お金はあるといいですよね。お金がないと、知恵を絞らないといけないから（笑）。

アルファ碁はたくさん手を読んでいるのではなく、猛烈に勘がいい

加藤　ではここから、それぞれの対局について解説していただきます。

大橋　第1局の敗着（負けを決定づけた手）は、黒7手目と言われています（図6－1）。

加藤　え、7手目が敗着って、早過ぎじゃないですか？

大橋　そうなんです。これは、イ・セドルさんがコンピュータを試した手なんですね。結果的にうまくいかなかったのですが。でも、セドルさんのこの手を敗着にするという

図 6-1　黒 7 手目

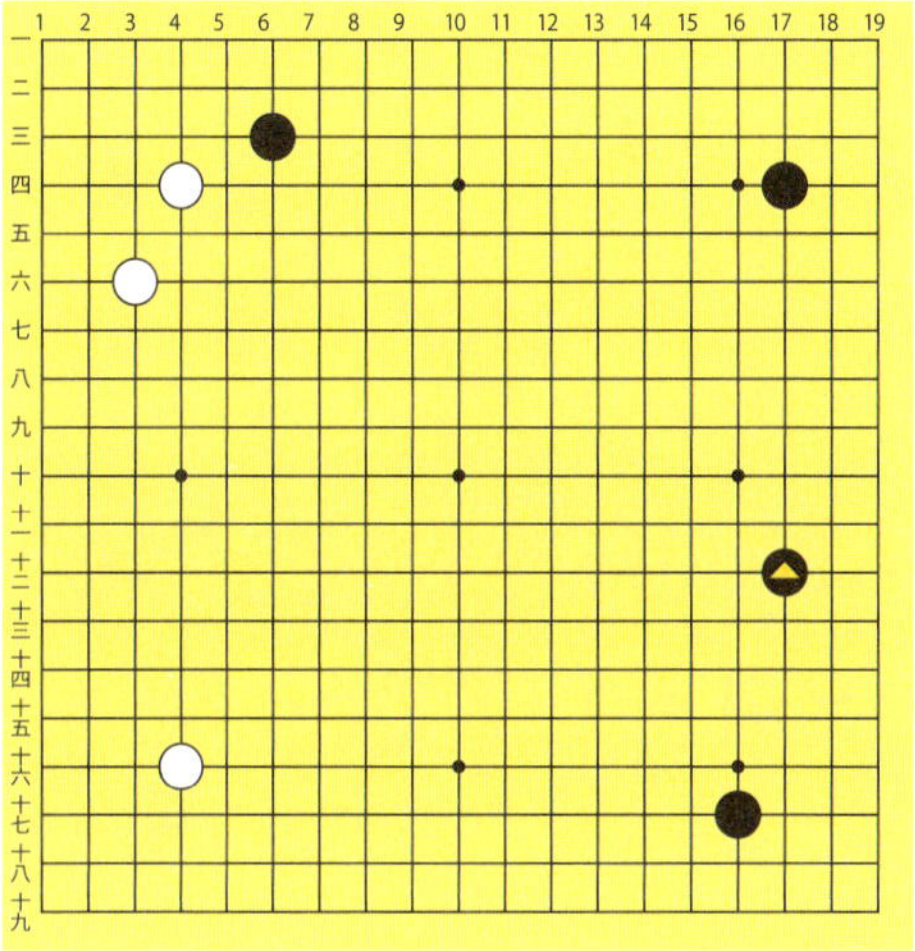

のは、その後の応手を完璧に打たなくてはいけないわけで、それができる棋士は世界に5人もいないでしょう。それだけ、アルファ碁が強かったということです。

加藤　コンピュータを試す手とは？

大橋　あまりデータになさそうな手を打って、コンピュータがどう対応するかを試したり、コンピュータを混乱させたりしようと思ったんじゃないですかね。でも先ほど、山本さんがディープラーニングの解説をしてくれたときに、「局面を丸暗記しないで、抽象化して学習する」と言っていましたよね。まさにその効果で、アルファ碁はちゃ

図 6-2　白 10 手目

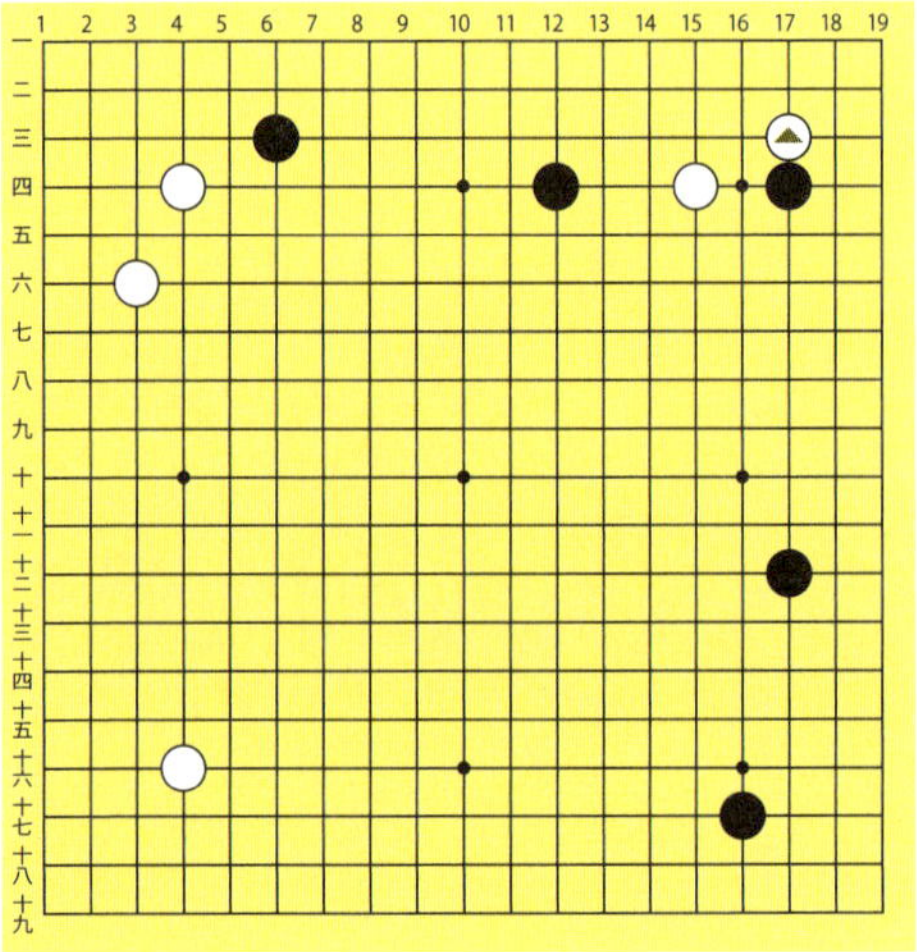

んとこの局面で何をすべきか一から考えて、いい手を打ちました。

山本　あれ、でも、一緒にニコニコ生放送で解説してたとき、アルファ碁の10手目を見て、「これ悪手ですね」とか言ってなかったっけ（図6－2）。

大橋　あのね、当時はむしろ、「あ、これでセドルさん勝ったな」って思ってました（笑）。この段階で相手が悪手を打ったら、普段のセドルさんなら絶対勝ちに持っていけるから。で、この10手目は、プロの対局ではほとんど見られない、部分的には損な手とされている形なんです。定石を丸暗記

図6-3　白22手目

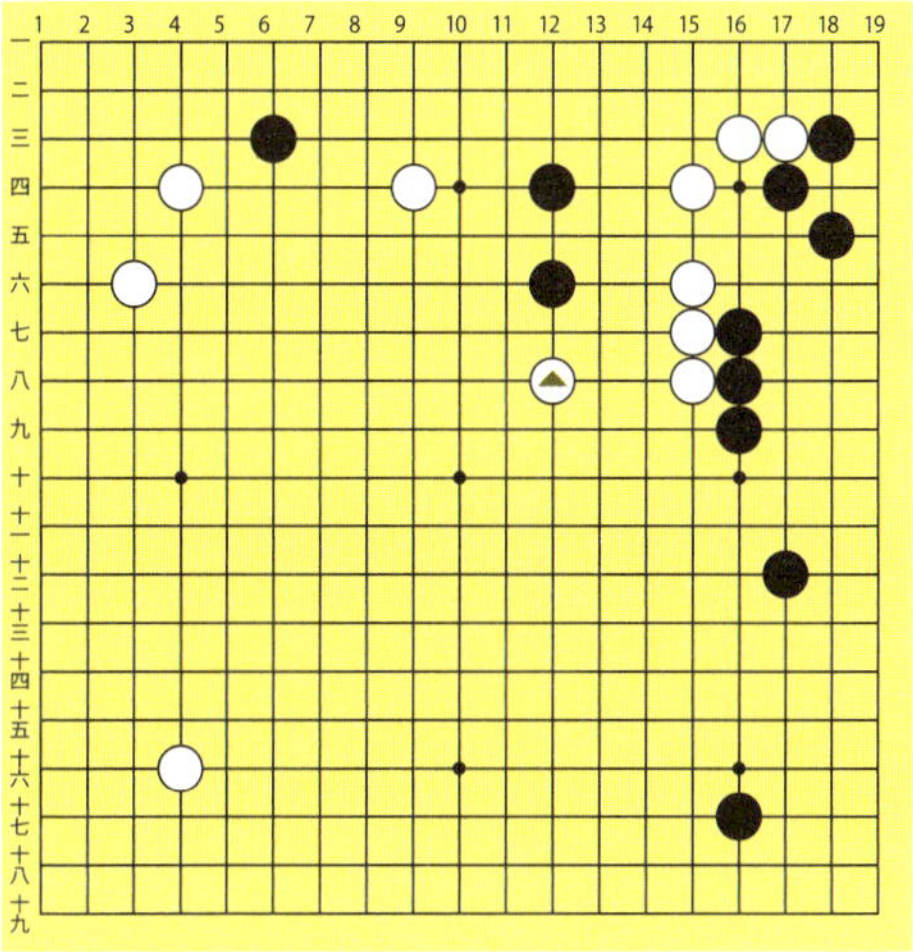

していたら、絶対に打てない手。しかも、すごく早く打ったから、「バグって変な手打っちゃったのかな」くらいに思ってました。ところが、20手目くらいまで進んでみると、すごくいい手だったとわかった。セドルさんが7手目に打った黒の位置が、絶妙に悪くなってる（図6-3）。

加藤　つまり、アルファ碁は、セドルさんが仕掛けた7手目を見事にとがめたわけですね。だから、プロ棋士の皆さんが衝撃を受けていたのか。

大橋　ほかにもアルファ碁は、定石にとらわれない手をたくさん打ってます。「ツケにはハネよ」(相手が自分の石にくっつけて打ってきたら、打たれた石の横に自分の石を打て)という格言があって、棋士はツケられたら自然にハネるんですけど、アルファ碁はツケられても気にしないんです。

加藤　そのあと、30手目あたりでは、プロの皆さんは局面についてどう思っていたんでしょうか。

大橋　リアルタイムのときは、理解が追いついていなかったですね。セドルさんがよくなるはずだという先入観で見てしまっていました。でも、44手目くらいでだんだん「あれ？　何か変だぞ」と思い始めたんです。それでもまだ、アルファ碁の手は人間から見ると無謀に見える手が多いから、セドルさんのほうが形勢がいいと思っていました。

山本　アルファ碁、ここに打つよりもあっちを先に打ったほうが損しないとか、トレードオフを上手に考えるよね。

図 6-4　白 102 手目

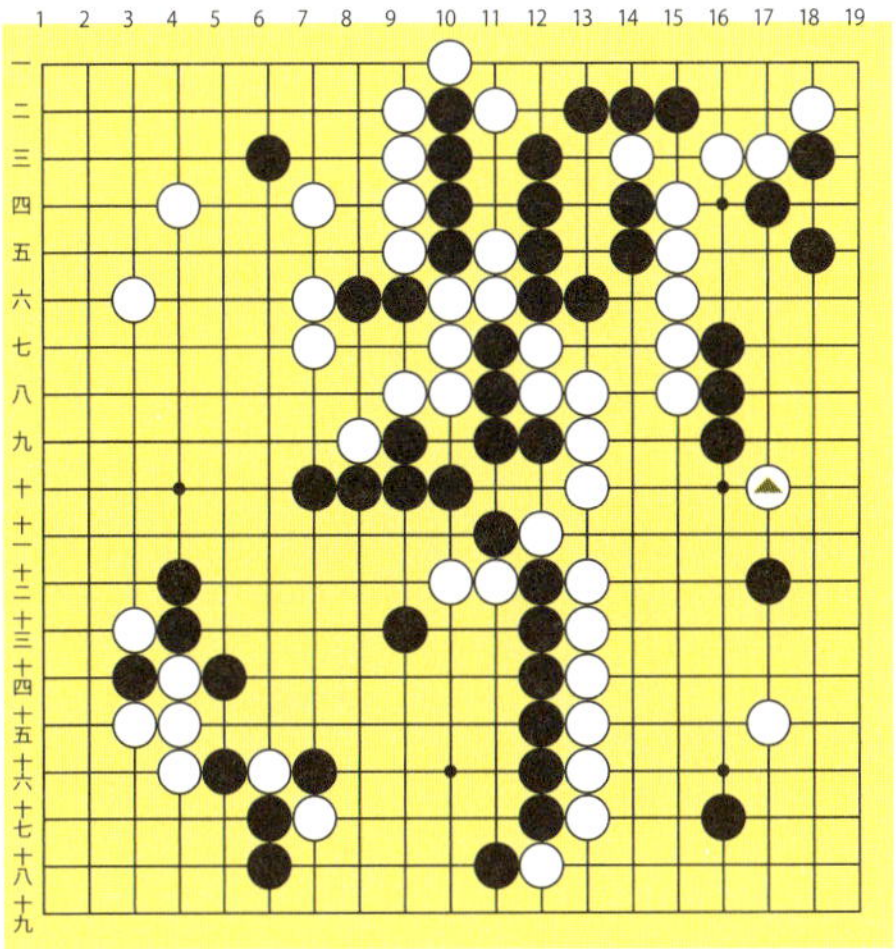

大橋　すごく勘がいいんじゃないかな。

山本　そうか。猛烈に勘がいいんだ。たぶん、20手先くらいは読んでるけど、よさそうなのばかり厳選して読んでる。そしてそれが当たってる。そういうことですね。

大橋　そうそう、20手先までいくと「これおかしいんじゃない？」と思ってた手が、好手だったとわかる。アルファ碁はこれがやりたかったんだ、と。そして、102手目にアルファ碁の決め手が出て、完全にセドルさんが悪くなりました。これは本当にいい手ですね（図6－4）。

山本　これを打っておくと、黒がひどい目にあうってこと？

加藤　一見、黒の陣地の中だから、取られそうに見えますよ。

大橋　そう。プロもみんな「こんな手打って、どうするの？」と思ってた。ところが、6手くらい進んで、たくさん図をつくって考えてみたら、セドルさんの黒がうまくいかない。図をいくらつくってみても、黒が1手負けになる。黒地（セドルさんの陣地）になるはずのところが、ゼロになっちゃったんだよね。

囲碁棋士も解説できない一局

加藤　で、116手目でアルファ碁が、戦線からちょっと離れたところに打ちましたよね（図6-5）。

大橋　これはね、「勝ちました」という手ですね。

図 6-5　白 116 手目

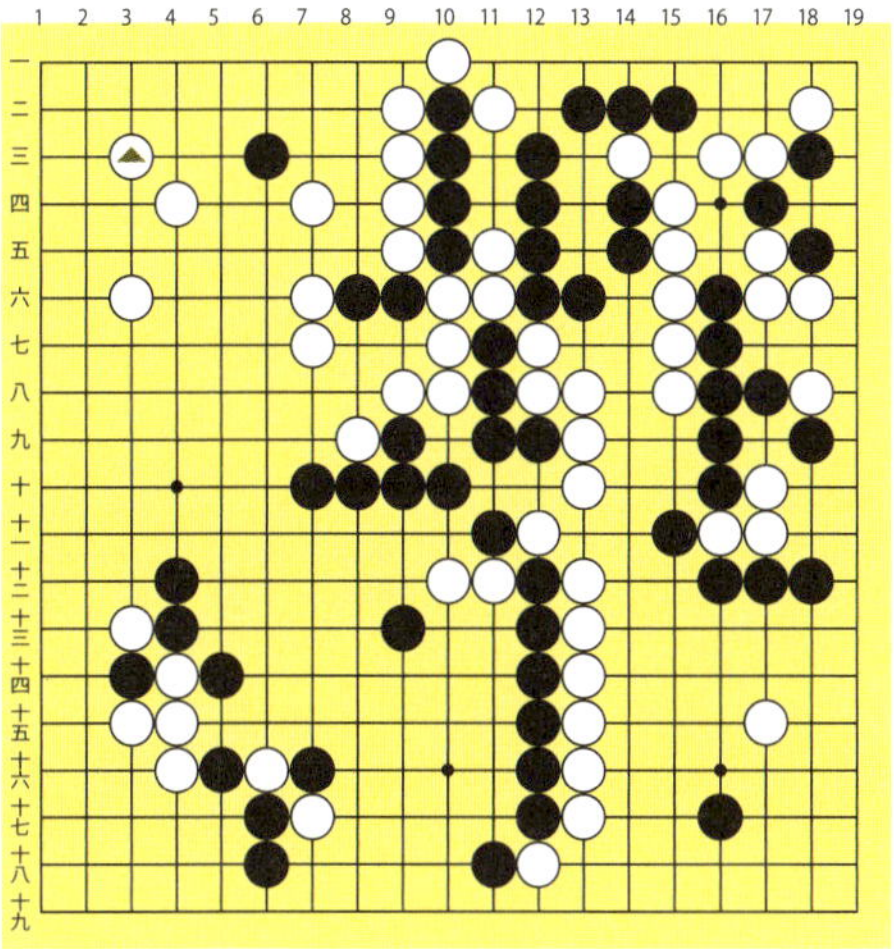

山本　ニコ生の解説をしていたとき、ここでもまだ大橋くんは半信半疑だったよね。「黒がいいはずですけど、数えると白が優勢です」とか、変なことを言ってたのを覚えてる。

大橋　「おかしいな」とか言ってましたね（笑）。

山本　数えて優勢なら、白が優勢じゃん（笑）。でもプロの形勢判断はこの時点で、みんなそんな感じだったと聞いています。人類の思い込みが出た場面だった。

大橋　数えてみましょうとか言って数える

と、あれー？って（笑）。あとでよく考えてみると、アルファ碁は80手目くらいから、ストーリーをつくって、的確に打ってきてたんですよね。それに気づいたときはビビりました。

加藤　コンピュータって、流れは気にせずにそのときごと局面を判断して打ってるんじゃないんですか？

山本　でも、論文によると、アルファ碁は次の相手の手を予想するのに、8手前くらいまで考慮するようになってたはず。

大橋　そんなに!?

山本　学習しているとき、そのほうがプロの手を予想しやすかったんだろうね。

大橋　じゃあ流れを意識してるのかな。コンピュータ囲碁のプログラマに聞いたら、プロの手との一致率を調べたとき、局面だけを与えるのと、その1つ前の手を与えるのだと、1つ前の手を与えたほうが一致率が上がるんだそうです。

山本　でも、プロの手と一致したほうがいいのかどうかは、別問題だよね。そこから離れたほうが、最善の手が見つけられるかもしれない。

加藤　そして、衝撃の敗北から第2局へ。

大橋　2局目はだいぶ心の準備ができてましたね。次はアルファ碁が黒番、イ・セドルさんが白番です。で、敗因は白14手目かなと。敗着とまではいかないですが、この手でちょっと苦戦になってしまった（図6-6）。

加藤　またそんな早くから形勢が決まっていたんですか……。

大橋　1つ前の、アルファ碁の13手目がすごく斬新な手だったんですよ。普通はまず右

図6-6　白14手目

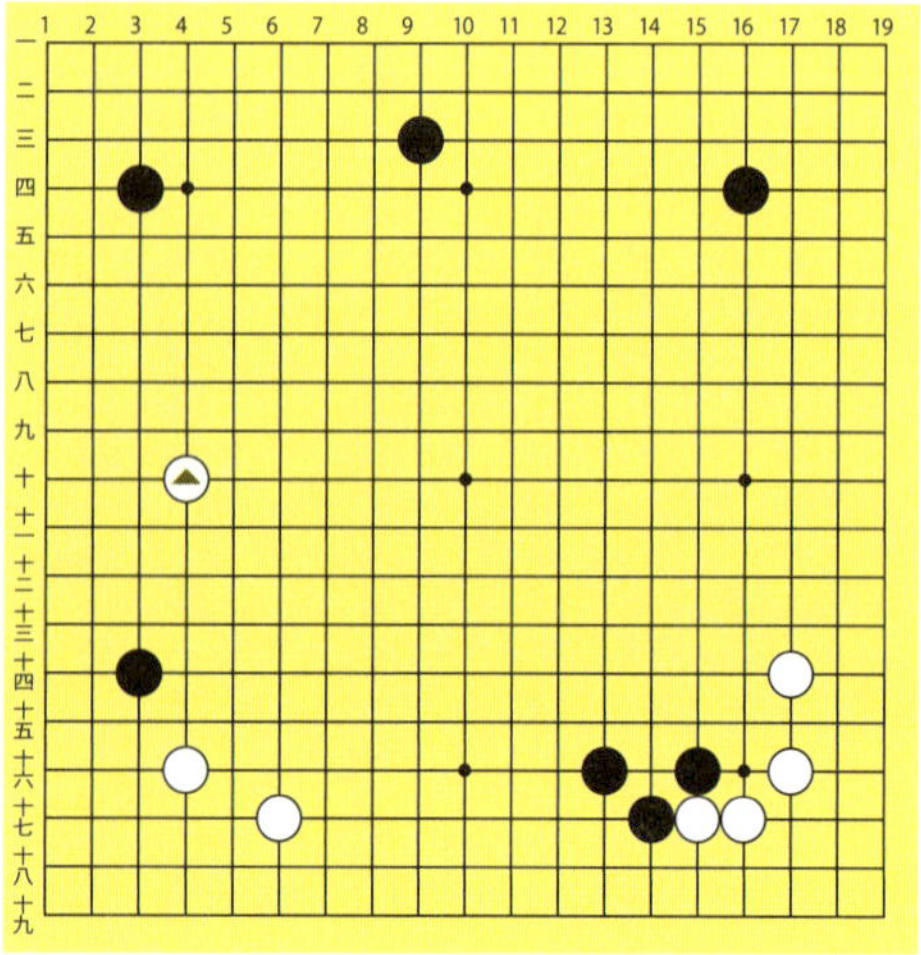

下の3つの石を安定させようと思うところを、ふっと手を抜いてまったく別の場所に打ったんです。そして、その手に対してセドルさんはちょっと考えて、正面からとがめにいかずに無難な手を打った。そして、アルファ碁の37手目も、常識からは考えられない手だった。一見意味がわからないんだけれど、そのあとだんだんアルファ碁の形勢がよくなっていくんです。

山本　大橋くんは第2局もニコ生の解説で、途中でセドル勝ちと断言してましたよね。私が言わせたんだけど（笑）。

大橋　いや、そうなんです。多くのプロ棋士が途中はそう思ったようです。この第2局は、韓国のプロ棋士があとから「うまく解説できなくてすみません」と謝罪していました（笑）。

加藤　たしか、盤面の左下にすごく黒（アルファ碁）にとって損な形ができたんですよね。

山本　なんであれがよくなるの？

大橋　それはなかなか説明が難しい。形は黒石が塊になって、はっきりとよくないんですよ。でも、その石を実際に攻めようと思うと、どうやればいいのかわからない。で、戦いを起こす前に一度力をためようかな、と思って無難な手を打つ。そしたらその手が、アルファ碁にまんまと打たされてる手なんですよね。

山本　有利なときは戦線縮小したほうが安全だから、セドルさんはそう判断したんだよね。

大橋　そう。で、人間が有利だと思って打ってるんだけど、冷静に盤面を見つめてみるとアルファ碁のほうがいい。いつの間にかセドルさんは勝利の可能性がない局面にされている。

コンピュータだから終盤が強いわけじゃない

山本　ところで囲碁って、布石（序盤の打ち方）が少し違っただけで勝率がぜんぜん違うものなの？

大橋　囲碁の棋士は勝率のデータとか、そんなに気にしないんだよね（笑）。今までの囲碁の布石はデータじゃなくて、思想とかで考えるものだったんですよ。

山本　思想……？

大橋　つまり、ふわっとした言葉でまとめてしまう。「この手はここを大切にしてる」とか。「大切にしてるところを攻められる手を誘発するのは悪手」とかそういう判断。

加藤　それは、布石があまりにも広くて、検証するのが無理だからそういうふうに考えてるんですかね？

大橋　そうですね。データで分析するようになったのはここ10年くらいで、しかもまだまだそれを活用している棋士は少ないです。Aという手を打ったときの勝率と、打たなかったときの勝率を比べたりしてる人は、いないんじゃないでしょうか。けっきょく、強い人が打った手は流行るんですよね。みんながいろいろ理由を考えて、「だからいい手なんだ」と結論づける。

山本　将棋はあんまり、強い人が新しい手を考えだしたりはしないと思う。

大橋　そうなんだ。囲碁は強い人も、わりと新しい手を打ちますよ。だから、布石の良し悪しじゃなくて、その人の終盤力で勝ってても、その布石が流行ったりする。

加藤　将棋の世界は、羽生さんたちの世代が登場するまでは、終盤力が強い人が勝つと言われていた時代が続いていたんですけど、囲碁はどうなんでしょうか。終盤でひっくり返ることって結構あるんですか？

大橋　よくひっくり返りますよ。情けないことですが。

加藤　アルファ碁との対戦を見ていると、人間が序盤で不利になって、そのまま押しきられるゲームが多くて、囲碁は序盤で形勢が決まったらもうひっくり返しにくいゲームに見えました。

大橋　あれは、アルファ碁が強過ぎるからです。終盤の構想がはじめからできてて、そのために序盤をやっているようにすら見える。それくらい終盤は正確でしたね。実力が近いほど囲碁はややこしい局面になりやすくなるとぼくは思っています。だから、アルファ碁と同レベルの人とかプログラムと戦ったら、終盤が難解になってひっくり返る可能性は十分に出てくる。今回の対局で「コンピュータは計算ができるから終盤は絶対間違えない、だから終盤が強い」という意見をちらほら見ましたけど、それは半分ウソです。終盤までに大差がついてるから、正確に打ててるだけなんです。

山本　アルファ碁は、序盤から推定される強さに比べて、終盤力は弱めなんじゃないの？

大橋　そうですね。ぼくは、序盤、中盤、終盤だったら、アルファ碁は序盤がいちばん強いと思った。

世界トップの棋士が「自分の勝率は5％」と言った

加藤　それでは、2連敗で迎えた第3局の解説をお願いします。

図 6-7　黒 15 手目

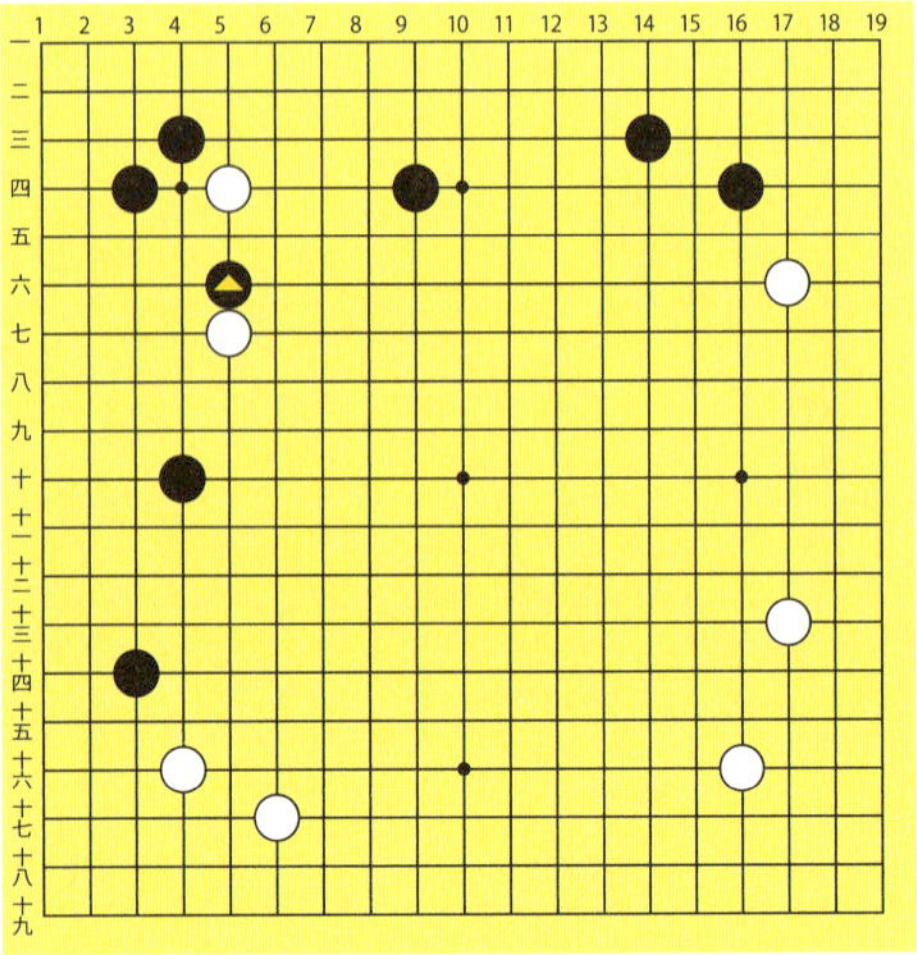

大橋　この1局はやばかったですね。アルファ碁の強さを思い知らされました。セドルさん、1局目はわざと変わった手を打って自滅。2局目はかたく打ち過ぎて完敗。じゃあ3局目はどうする、ということで乱戦形に持ち込もうとしたんです。そして、セドルさん自身、それがいちばん得意な形でもある。そして、15手目に戦いをしかけました。ところが、それを見事にとがめられて、フルボッコにされたという……。だから15手目が敗着ですね（図6－7）。

加藤　普通は、こういう手を打ったら、激しい戦いになって、それでセドルさんが相手をフルボッコにするんですよね？

図 6-8　白 32 手目

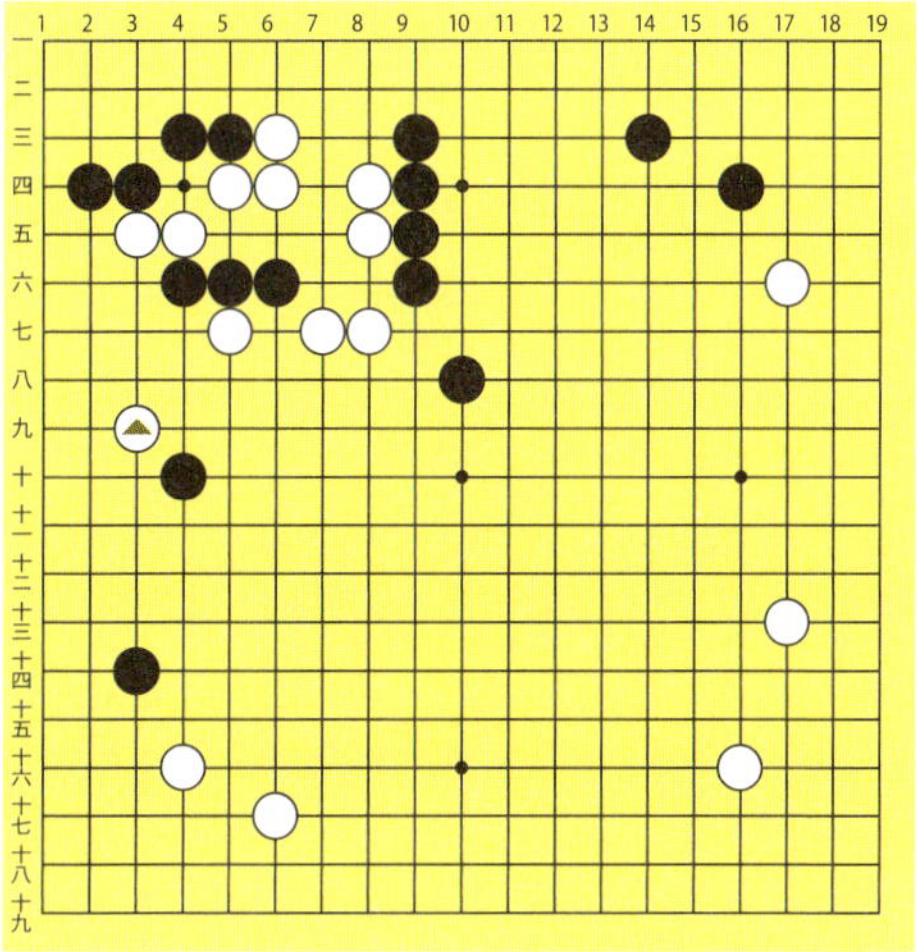

大橋　そうです。こういう手を打たれたら、相手は1手も間違えず終局まですべて正しく打たないと、セドルさんには勝てない。つまり、本局はアルファ碁がめちゃくちゃ強かったんですよ。16手目以降、いい手を連発していったんですが、とくに32手目にすばらしい手が出た（図6－8）。

加藤　この手、プロ棋士がみんな絶賛していましたね。

大橋　もう30手目とのコンビネーションで示されると、おみそれしましたと言うしかない手です。ここから先もコントロールが絶妙で、黒（セドル）の勢力圏だったところがすごく弱くなってしまう。その見通しが立っていないと、先ほどの32手目は打てないですね。ここからはもうアルファ碁が優勢から勝勢になって、そのまま勝ちました。

加藤　このときは、打たれた瞬間にいい手だとわかったんですか？

大橋　もうこのときはアルファ碁に信用があったので、「なるほど、こんな手があるのか」と思いました。ほかのプロ棋士もそういう感想だったと思います。このあたりからだんだん、みんなが「アルファ碁先生」って呼び始めたんですよね（笑）。アルファ碁の強さを、誰もが認めるようになってきた。現在世界トップの柯潔《カケツ》という中国の天才棋士がいるんですけど、彼は第1局でイ・セドルが負けたときは、「アルファ碁はイ・セドルに勝てても私には勝てない」とか言ってたんですよ。

山本　あ、その人知ってる。すごい強気発言だったよね。第2局が終わったときも「イ・セドルは人類を代表して戦う資格がない」とか言ってた。

大橋　まあ、本当にめちゃくちゃ強い棋士なんだけどね。それが、第3局が終わったら「自分の勝利の可能性は5％に落ちた」とか言い始めた（笑）。

山本　急に弱気過ぎるでしょ（笑）。でも、私も第3局が終わってがっかりしましたよ……。

大橋　全5局の勝負としては、負けが確定しちゃったからね……。

読んでいない手を打たれると途端に弱くなる？ アルファ碁の攻略法を探る

加藤　さて、3連敗を喫して、イ・セドルさん自身も「こんな姿を見せてしまい申し訳ない」と弱気になって迎えた第4局ですが……。

大橋　第3局と第4局は連日でおこなわれたんですよね。イ・セドルさんがどんなふうに気持ちを立て直したのか、ぼくには想像もつきません。

山本　いやあ、この状況でよくしっかり打ったよね。

大橋　第4局の序盤は11手まで第2局とまったく同じ展開になったんです。見ているとき、「これはついに、囲碁の神が降臨したのか！」と思いました（笑）。

山本　最初から最後まで読みきって、1手も間違えない囲碁の神様？　そんなわけないですよ（笑）。

大橋　山本さんはニコニコ生放送の解説のときも、「アルファ碁は人間よりも強いかもしれないけど、囲碁の神よりはだいぶ弱い」って言ってたよね。でも、碁打ちはみんな恐怖してたよ（笑）。これはついにアルファ碁が神となって最善の布石（序盤）を打ってきたんだ、って。そして、12手目にイ・セドルさんが第2局とは違う手を打った。それも、前例にない手（図6－9）。

加藤　このセドルさんの手って定石から外れてますけど、つまり、ちょっと損な手ってことになるんですか？

図6-9　白12手目

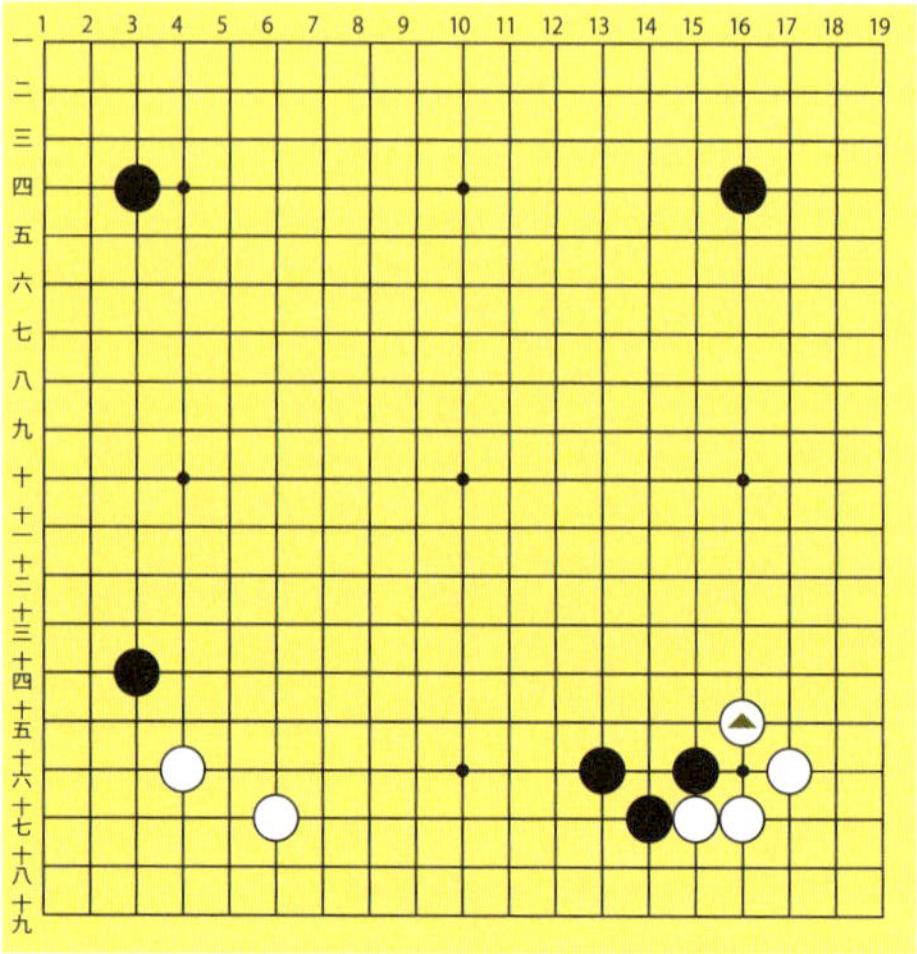

大橋　ある部分では損に見えるんですけど、違う部分で価値が大きい手なんですよね。広くカバーできるというか。

山本　広くカバーできることは、「薄い」ともとらえられるじゃない？　相手が突破しやすくなってしまう。そのあたりの正確なトレードオフがわからないんだよなあ。

大橋　まあ、広けりゃいいというものでもないね。その微妙な感覚は、棋士で全員違うと思います。その感覚で、より正確に形勢判断ができる人ほど強いんですよね。で、そのあと何手かアルファ碁が打った手は、自分の第一感とは違ったんだけど、「ここを取るほうが大きいと判断したんだな、アルファ碁先生は」と思いました。

山本　アルファ碁を信じ過ぎでしょう。そんなにあがめる必要ないよ（笑）。

大橋　いやいや（笑）。でもね、みんなそれくらい囲碁というゲームをわかってなかったんだよ。プロでも。

山本　たしかに、囲碁の「攻略されてなさ」は、将棋の比ではない。それは、両方のプログラムを開発してみて思う。

大橋　アルファ碁は本当に布石（序盤）がうまいんです。イ・セドルさんが最初からこんなに時間を使うなんて。彼が相手よりも時間を使っている状況って、世界戦でもまれなんですよ。セドルさんって、普段は相手が必ずどこかで間違うと思いながら碁を打っているんだそうです。つまり、最善手を打とうとするよりも、間違ったところを見逃さず、そこをとがめていくことで勝負に勝ってきた。セドルさんは、相手の考えていることを察知する能力も高いんです。それはもう、動物的なほどに。相手の考えていることを察知して、意表をつく手を打つ。それでみんな時間を使わされてしまう。

山本　それ、すごく強いってことだよね。

大橋　だから、イ・セドルさんは強いんだって！（笑）

山本　いや、時間は不利になるとやっぱり使っちゃうから。相手より強いから時間を使わないんだ。

大橋　そうだね。今回セドルさんは、その方法が通じない相手と対局して、初めて1手目から最善手を考えなければいけない状況に追い込まれたんだと思う。

加藤　相手との関係性において強い棋士っていますよね。将棋の世界だと大山名人とかが代表で、「勝負に強い棋士」って言い方をしますけど、そういうタイプはコンピュータとは相性が悪いかもしれませんね。人間と違って、相手は動揺とかしないから。

コンピュータを混乱させる妙手で、形勢が逆転した

加藤　ところで、アルファ碁って、広いスペースがあっても相手の石にツケて（くっつけて）打ったりしますよね。こういう打ち方って、通常、あまりよくないと言われてませんか？

大橋　そうですね。普通は形を決めないほうがいいんですよ。人間はいろいろな可能性を残して、ほどよい距離をとっておこうと考えるんです。Aから攻める手とBから攻める手、どちらの可能性も残す手を打つ。ところが、アルファ碁はその先の想定図が見えていて、そこまでいけば70％の確率で勝つ、とかわかってるから、それに向かって形をつくっていくんですよね。

山本　コンピュータは手の「含み」をわかってないんだよね（笑）。

大橋　いま決めなくてもいいという形を、コンピュータはどんどん決めていくよね。そういうのを、「品がない手だ」と言うプロ棋士もいたけど。

加藤　品がないって、人間っぽい評価ですよね（笑）。

山本　それって、コンピュータにとってはどうでもいいことなんですよね。将棋でもコンピュータは、王様を囲うときに、他の囲い方の可能性をなくす順番で指していっちゃうんですよ。たとえば美濃囲いも穴熊もありうる局面で、すぐに香車を上がって穴熊に決め打ちしてしまったりする。人間は含みがなくなるので、それをやりません。コンピュータとしては、最終的に同じ形になればいいでしょって感じだけど、やっぱりほかの囲い方の可能性を消してしまうのは、損だと思うな。

大橋　で、このあともセドルさんにとってはつらい状況が続きます。全体的に白（セド

図 6-10　白 52 手目

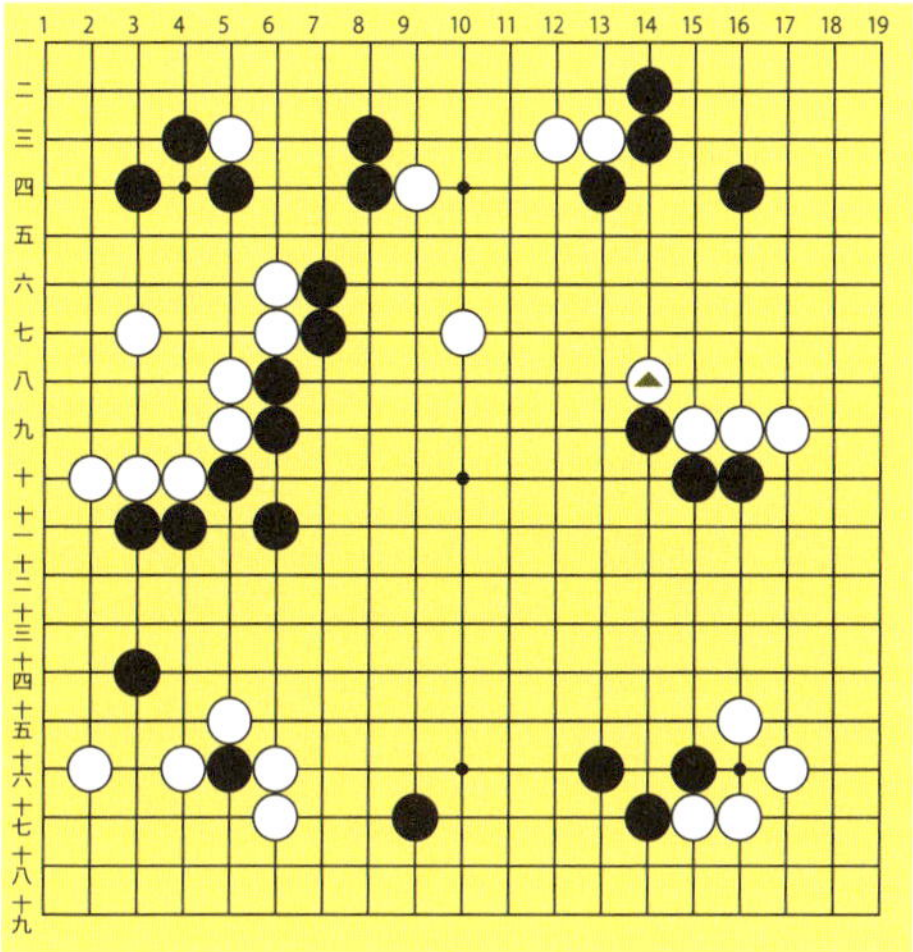

ル）の地だと思ってたところが、どんどん黒に侵食されてしまう。で、誰もが切る（相手の石の連絡を断つ）と思ったところで、切らずに辛抱したんですよね（図6-10）。

加藤　白52手目か。これはぼくでも「14-十」と切りたくなります。

大橋　みんなそう思ったんです。解説のプロも、これを切らなきゃ囲碁じゃないとまで言っていました。でも、セドルさんは本当にこの局面だけを考えて、切らないほうがいいと判断したんでしょうね。このへんまでだいたいこの囲碁の骨格ができたけど、すでに白（セドル）は絶望的だと思います。棋士はみんなそういう評価だった。

山本　この時点で黒が勝ってるの？　ちょっとわからないな……。

大橋　数えると白が20目くらい負けてる。

山本　へえ、だいぶ差がありますね。このあと、黒は盤面の真ん中の陣地を取れるのかな？　真ん中は取りにくいというイメージがあるんだけど。

大橋　アルファ碁は中央を取りにいくのがうまいんですよ……。で、セドルさんも中央に進出しないと負けちゃうから、入っていくんですけど、なかなか厳しい。このあたりで、セドルさんは残りの持ち時間30分くらいのうち、20分くらいを使いました。それでも、アルファ碁のほうがいいんですよね。もうセドルさんには手がないように見えたそのとき、78手目に驚愕のワリコミ（相手の1つあいた石と石のあいだに打つ手）を放ったんですよ（図6－11）。

図6-11　白78手目

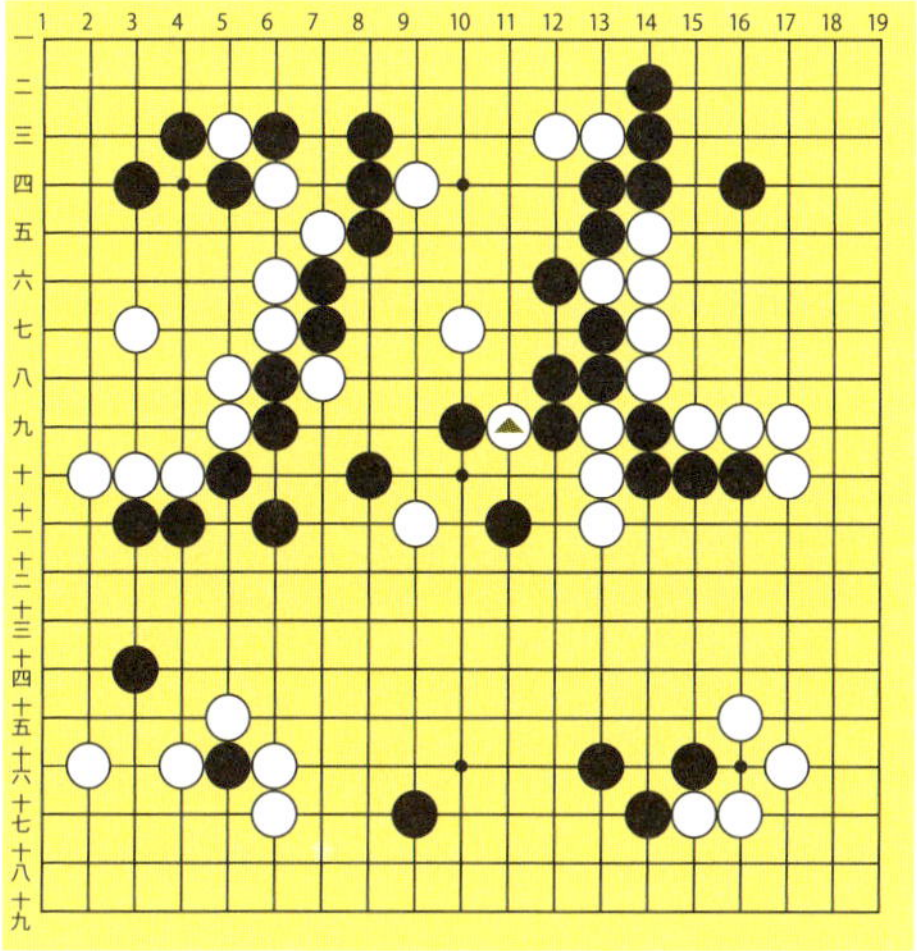

加藤　すごい妙手だと言われていましたね。どういう意味の手なんですか？

大橋　ここからうまく打てば3つの石が取れて、中央が急に白の陣地になってくるんです。それが決まればだいぶ逆転ムード。アルファ碁開発者のデミス・ハサビスさんのツイートを見ると、この時点ではまだアルファ碁は自分が70％くらいの勝率だと判断してるんですよね。たしかに、この時点ではまだ黒が有利です。このあと、正確に打てば黒が勝ちます。でも、ちょっとややこしくて、コウ（お互いに交互に相手の石を取って、無限に続きうる形。特殊ルールを適用する）になる可能性がある。その変化をアルファ碁は避けたのかな、と思いました。あとこの先、取られる・取られないの死活問題を正確に読む展開になるんだけど、そのあたりがアルファ碁は苦手なんじゃないかな。

山本　アルファ碁は別に、ごちゃごちゃした局面を避けたりはしないんですよ。でもアルファ碁のアルゴリズムは、細い1本道の手順は正確に読めないんです。つまり、正解が1つしかなく、それ以外の手を打つと悪くなる手順を、正解に向かって読んでいくことはできない。そして、このセドルさんの手はまったくアルファ碁は予想できてなかったと思います。

大橋　アルファ碁は、予想できない手に弱いとは言われていたんですけど、第1局から3局までは布石がうま過ぎて、こういう展開にならなかったんですよね。

山本　その弱点を見事についたということですね。

コンピュータには、論理力が足りない

加藤　なんというか、コンピュータが先の手を読めないというのが不思議なんですけど……。そもそもコンピュータは、すごい計算量で先を読むのが得意なんじゃなかったんですか。

山本　どんどん先を読むという意味では、そもそもディープラーニングはそれがあまり得意ではないですね。そして今回の場合は、読む量というより、「セドルさんが打ったような手を読めなかった」のが敗因です。囲碁や将棋のようなゲームは、情報量が多いから、すべての場合を先読みすると大変なんですよ。だから、読みを省略する技術が採用されるんだけど、その「枝刈り」に失敗してるんですよね。つまり、読むべきいい手までカットしてしまった。手の探索って、1つの局面から、自分の指す手の数だけ分岐があって、その分岐の先に相手の指す手の数だけ分岐があって……というツリー図をつくって評価をするんです。将棋やチェスでは、自分の手はいちばん評価値が高くなるもの、相手の手は相手が最も有利になるもの（評価値が低いもの）、をそれぞれ選んで

いって、読まなくても計算結果が変わらないものは計算コストを下げるためにカットしていくんですね。これは「アルファ・ベータ探索」という方法なんですが、アルファ碁はそれを採用してないんです。

加藤 じゃあ、アルファ碁はどうやって読む手を選択してるんですか？

山本 アルファ碁はディープマインド社が開発したＤＱＮ（Deep Q-Network）というアルゴリズムを使っているのですが、これは「Ｑラーニング」という強化学習の一種を用いて、画像から最適な行動を学んでいくというものなんですね。

加藤 ＤＱＮを使ったプログラムは、スペースインベーダーやブロック崩しの画像とコントローラを与えたら、勝手に学んで、人間のプロに勝つまで強くなった、と記事で読んだことがあります。その会社をグーグルが買収して、アルファ碁を作ったんですよね。

山本 そう、その方法でアルファ碁はプロの手を膨大な棋譜から学んだんですよ。そうしてある局面を与えたら、次にプロが打つ手を57％くらいの確率で予測できるようになった。それを元にアルファ碁ver.1をつくって、自己対戦させた。で、勝ったほうの選択した手の確率をちょっと上げる。そして、次にそのバージョン同士を戦わせて、勝ったほうの手の確率を上げる……これを1万世代くらいやるんですよ。そして、最終的に勝ったほうの局面をよい評価値にして、負けたほうを悪い評価値にする。今のいちばん強いバージョンは、プロの手の確率と自己対戦で学んだ評価を組み合わせて打ってるんです。

加藤　打ち手の予想は、プロが打つ手から学習しているんですね。

山本　そうなんです。そして、強化学習したものは利用しないようです。だから、プロの手で確率が低かった手は読まない。

大橋　セドルさんの78手目のワリコミは、アルファ碁は打たれる確率が1万分の1くらいと判断していたらしいですよ。

図6-12　電王戦の２八角（図3-8再掲）

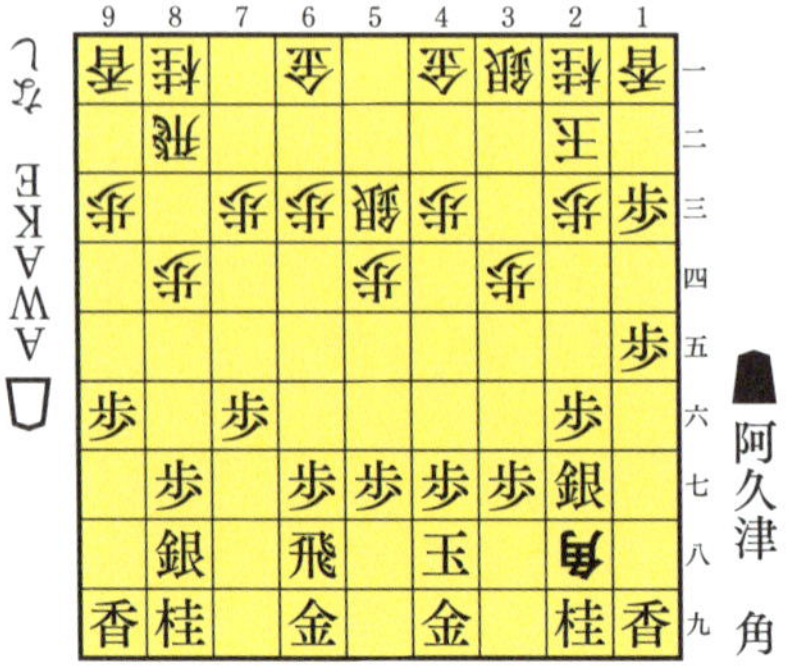

山本　ああ、そういう手は読まないですよね。これは将棋でも同じですが、コンピュータは論理の積み重ねでずっと先にたどり着くような手が、ぜんぜん読めないんです。一見よくない手だけれど、論理的に考えていくとよくなる手というのが苦手です。たとえば、将棋プログラムでも有名な手があって、いわゆる２八角ですね。これは、２八という場所にプログラム側が角を打たされて、20手以上かかる手順の末に必ず取られてしまうというもので、将棋電王戦にも出てきましたよね（図6−12）。角を取るために、人間側はいろいろ違和感のある手を指すんですよ。そのあいだの手の評価値が悪いから、プログラムはまさかそんな手指してこないだろう、と思ってぜ

んぜん読まない。途中の手はひどいけれど、最後にまったく別の目標があるという手順は、コンピュータの想定外なんです。

大橋　それはすごく納得ですね。このあと、アルファ碁はよくわからなくなって、変な手を打ち始めます。

山本　「水平線効果」が出てますよね。水平線効果というのは、プログラムが読める手には限りがあり、その先を水平線の先にあるもののように考慮せずに、長期的に見ると問題がある手を選択してしまう問題です。一時しのぎで、致命的な結果を避けようとする。将棋では、負けそうになるとムダな王手をし続けたりします。

大橋　ここで踏ん張れば、まだいい勝負ができたのに。おそらくこのへんは、アルファ碁は自分が優勢だと思ってるんですよね。で、コウとか死活とかが発生しそうな部分に対応すると自分の勝率が悪化するから、そのへんは手をつけないで、取れそうな石を取りに行く。だけど、取れない。で、「ここ取れそう」「あれ、取れない」「やっぱり取れ

図6-13　黒97手目

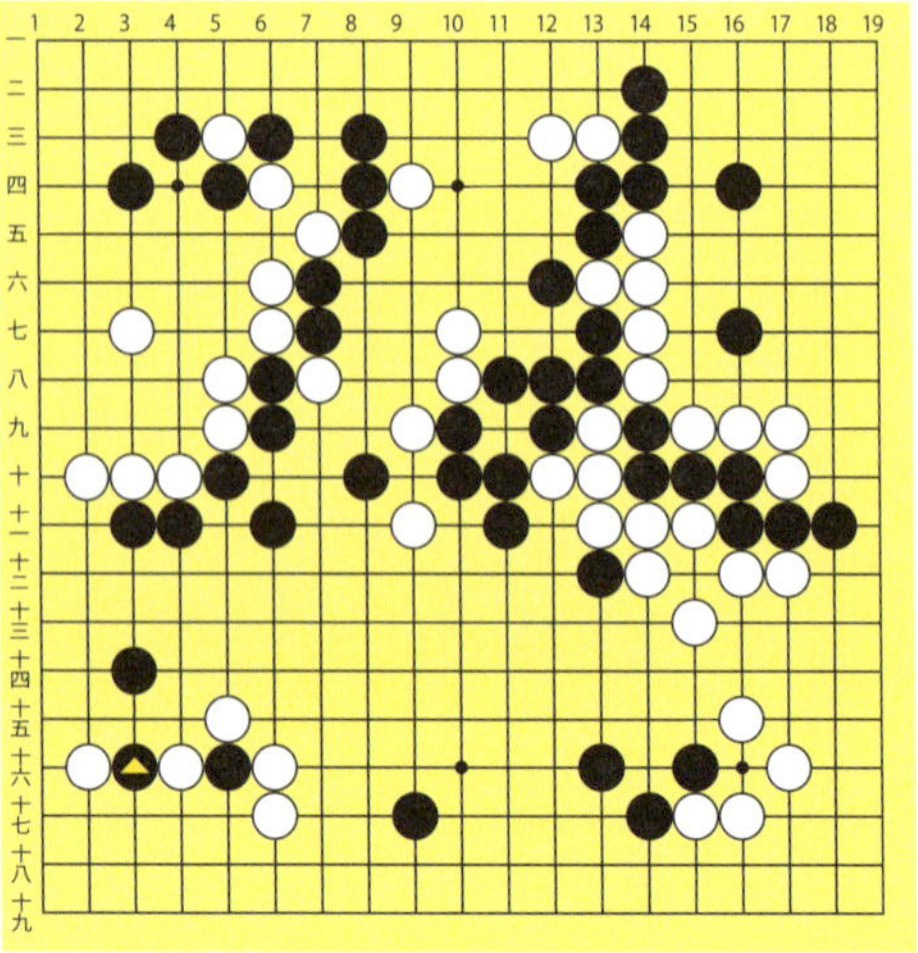

そう」「取れない」っていうのを繰り返している。

山本　これまでめちゃ強かったのに、いきなり頭悪そうな感じになった（笑）。

大橋　で、97手目には戦いが起こっているところから離れた場所にいきなり打った。これは本当に最悪の水平線効果が出てますね（図6−13）。

山本　いや、でもこれを打つことで致命的な局面は2手くらい先送りにされたんじゃない？（笑）　だからコンピュータからすると、こういう手を打つ合理的な理由があるんです。イヤなことは先送り（笑）。

加藤 なんか、アルファ碁に急に共感しました（笑）。こういう水平線効果って、プログラムの工夫で避けられないものなんですか？

山本 水平線効果を本質的に回避するには、論理が必要なんですよ。そして、コンピュータは論理が非常に弱い。

加藤 ええと、論理が弱い？　むしろコンピュータは論理的にしか動けないのでは……。

山本 コンピュータは、論理的に動くけれど、本当の意味での論理力は足りていないんです。論理力は人間のほうがある。ここでアルファ碁が自分の打つべき手を見つけるのは、論理的に考える力が必要なんです。

加藤 つまり、そういう本当に論理的な考え方をするためのプログラムは、あまり書かれてないと。

山本　うん。本当の論理力をつけるプログラムの書き方は、今の時点ではわかりません。

加藤　最近の将棋プログラムはあまり水平線効果が出ないから、そこは解決されたのかと思っていました。

山本　あれは、強くなって水平線が遠くにいっただけなんです。だから根本的には解決していない。評価関数の精度が上がって、つまり勘がよくなったから、水平線効果が出るような局面になってないんです。評価値が極端に悪くなったら投了するように設定してあるし。終盤、最後の最後まで指させたら、今でも将棋プログラムは元気よく王手ラッシュをしますよ（笑）。

加藤　なるほど（笑）。

有名な手順がわからなかったことで、アルファ碁を甘く見てしまった

加藤　そしてこのまま、優勢になって第4局はイ・セドルさんが勝ったわけですが。

大橋　終局後の記者会見でセドルさんは「今日ほどうれしいことはない。何にも代えがたい、値打ちをつけられない1勝だ」と言っていましたね。本当にすばらしい対局だったと思います。

加藤　いや、よかったです。そして、次の第5局はセドルさんが黒番になったんですよね。

大橋　4局目が終わったあとの記者会見でセドルさんが、「私はまだ黒番（先手）では勝ってない。アルファ碁は白番（後手）のほうが強いと言われているらしいので、今度は黒番で挑戦して勝ちたい」と申し出て、ディープマインド社側もそれにOKを出した

んですよね。

山本　いちいちかっこいいこと言うなあ。

大橋　かっこいい人なんですよ。で、本局の序盤はセドルさんが、堅実に地をかせぎにいくという方向性で始まりました。ぼくはあまり、それはよくないと思ったんです。広い構えの雄大な碁のほうがいいと思うんだけど……。

山本　そのほうがややこしい戦いになるから、ということですよね。でも、広い構えでいくと、序盤が耐えられないのかもしれない。アルファ碁は序盤が強いから、そこで差をつけられると中盤以降勝負にならない。序盤はもたせて、中盤少し不利でも勝負形に持ち込もうと思ったのかなと。

大橋　でも、24手目くらいで、プロの見解としてはあっさりと白（アルファ碁）がよいということになってしまいました。で、中盤に入るくらいまでアルファ碁がよかったたん

図6-14　白58手目

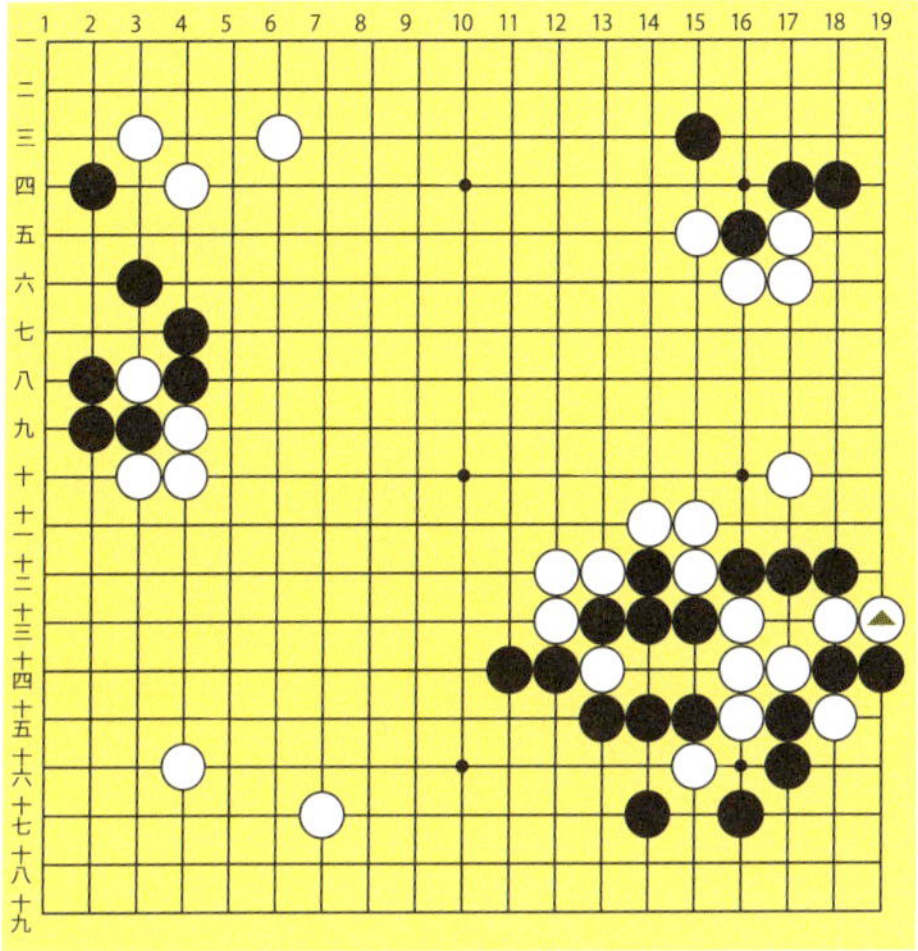

ですけど、58手目でちょっと間違えるんです。石塔シボリという有名な手筋があって、15手くらいの攻め合いの先に石を取られてしまうという手順を読めてなかった（図6−14）。［注：対局の数か月後にグーグル・ディープマインド社が発表したアルファ碁の論文によれば、アルファ碁は石塔シボリを知っていた可能性がある。対局時どのように考えていたかは今も議論の的になっている。］

山本　つまり、第4局と同じだよね。そういう長い手順の先に損をする展開は、コンピュータは読めない。でも人間はパターンとして知ってるから、回避できるんでしょう？

大橋　そうだね。

山本　人間、ずるいな（笑）。

加藤　山本さん、何目線ですか（笑）。ところで、そういう形を覚えさせて、回避させるプログラムは書けるんじゃないですか？

山本　できますけど、副作用が心配なんですよ。たとえば、その形ばかりにこだわって、別のところで大損するようなプログラムになってしまうかもしれない。だから、そういう不自然な対策はしないほうがいいと思います。

大橋　この時点で、人間は黒（セドル）が有利だと判断しました。

山本　解説をしていた武宮先生も「セドル勝ちましたね」と力強く宣言してたのを覚えています。

大橋　でも、このときアルファ碁の形勢判断では自分が有利だと考えていたらしいです。これは、人間の側にバイアスがかかっていて、石塔シボリの手筋が読めない人は初段以下、10級くらいの弱さだと思っちゃうんですよね。人間は文脈で考えるので、その手だけを純粋に評価できないんです。こんな手を打つってことは、こいつは弱いなと考えちゃう。ぼくは、対局が終わったあとにここでアルファ碁がどれくらい損をしたのか3日くらい検討したんですよ。そうしたら、ほんの2、3目だという結論に達しました。

山本　あれ、実況解説しているときは10目くらい損してるって言われてなかったっけ。

大橋　そう言ってる先生もいましたね。ぼくは、そのときは5、6目かなと思ってた。でも本当は、もっと少なかったんだよね。たしかに石は取られるんだけど、こっちのほうが厚くなっているから。厚くなった分のプラスと取られた損を足し引きしたら、まあ

2、3目だなって。

加藤　厚くなる、というのはどういう状況ですか？

大橋　白（アルファ碁）の勢力が強くなる、という感じですね。石は何個か取られるけど、勢力が強くなった結果、中央に陣地を広げやすくなった。でもそれは、すぐにはっきりしない得で、石を取られるのははっきりした損だから判断が難しい。ちなみに、石を取るのは「現ナマ」って言うんですけど、プロは現ナマの損を過大評価する傾向がありますね。

山本　プロというか、人類はそうだよね。あと人類は初心者のときにしでかした失敗を重く見る。それをやる人は弱いし、自分がやったらすごく悪い手を打ったと考えるよね。

大橋　それはある。で、セドルさんもアルファ碁が石塔シボリを読めなかったあたりで、自分が優勢だと思ってしまった。だから、そこで戦線を縮小して、地道にいけば勝てると考えてしまったんです。小さな領域にこもって、そこを確保する手を打ってしまった。囲碁プレミアムで対局の解説をしていた王銘琬《オウメイエン》先生も、「セドルさんでもこういうゆるみがあるんですね」と驚いていましたね。王銘琬先生は、台湾のコンピュータ囲碁のプログラム開発アドバイザーをやるくらい、コンピュータ囲碁に詳しいんです。でも、アルファ碁の論文が出た次の日に、これは勝てないと電話して開発チームを解散したんだとか（笑）。

加藤　なるほど、おもしろいなあ。セドルさんは、相手を過小評価して、自分がそんなに優勢でないのに優勢と思い、安全な手を打ってしまったわけですか。

大橋　はい。そして、その後、劣勢に気づいたセドルさんは必死に追撃したんですけど、最後は2目半くらいの差で負けました。

山本　たった2目半と思うけれど、このレベルだと逆転の可能性はないんでしょうね。

大橋　第5局が終わったあとの記者会見で、「対策したのに勝てなかったこの敗北は、最初に3連敗したときよりもつらい」とセドルさんは言っています。でも、全5局の対局を振り返って、「碁の本質は楽しむこと。アルファ碁との対局はずっと楽しかった」と締めくくった。あんな大変な対局の直後にこのコメントが言えるなんて、最後までかっこいいですよね。人類代表として出た棋士がセドルさんで、本当によかったと思いました。

人類に残されたのは、言葉と論理。アルファ碁が示した人工知能の可能性とは

加藤　さて、ここまで全5局を振り返ってきたわけですが、イ・セドルさんとアルファ碁の対局結果について、囲碁のプロ棋士はどういうふうに受け止めてるんですか？

大橋　もうアルファ碁が強過ぎたので、よく「アルファ碁先生に代わって打ってもらいたい」とぼやいてます（笑）。

山本　本当に囲碁界の皆さんは、柔軟性があるよね。あり過ぎるくらいだ（笑）。国際的なゲームだからなのかな、業界全体にオープンな感じを受けました。

加藤　山本さんは、将棋プログラムのポナンザで最強になって、次はということで、囲碁のプログラムに挑戦しているんですよね。ドワンゴがサーバー環境などのリソースを用意して開発をすすめる囲碁ソフトＺｅｎのチームに加わったと、先日発表がありました。この対局を受けていかがですか？

山本　いやあもう、やばいですよね。とにかくやばい。手放しで賞賛しますよ。チェスや将棋、囲碁といったゲームソフトの世界で、アルファ碁はまさに金字塔を打ち立てました。レーティング（強さを表す指数。４００点差で勝率90％程度になるように数字を調整していくしくみが一般的）でいったらＺｅｎとアルファ碁は、1月に『ネイチャー』でアルファ碁についての論文が発表されたとき、１０００点くらい離れてたんです。Ｚｅｎが２０００、アルファ碁が３０００くらい。

大橋　Ｚｅｎはアマチュアのトップより少し弱いくらいだよね。

山本　ほかの囲碁プログラムも２０００年代後半から結構強くなってきてはいたんだけ

ど、アルファ碁は桁違いです。やっぱり開発における人的リソースが潤沢なのが強いですよね。

加藤 グーグルが3年前に、ディープマインド社を約5億ドルもの大金で買収したのは、何より人材がほしかったからですよね。

山本 このチャレンジマッチは、興行としても最高の盛り上がりを見せましたよね。囲碁界にとってもすごくよかったんじゃないでしょうか。

大橋 「最高の斬られ方だった」と言われていましたね。

山本 まさにそうですよ。だからこれ以降は、いま世界のレーティングトップの棋士・柯潔《カケツ》さんが出てくるかどうかじゃないかな。私が対局のコーディネーターだったらそう考える。

加藤　セドルさんとの対局が決定してから、ヨーロッパチャンピオンに勝ったことを論文といっしょに発表するという、グーグル側のプロモーションの流れも絶妙でしたよね。しかもヨーロッパチャンピオンと戦ったときは、まだここまで強くなかったから、その棋譜を見てセドルさんも油断してしまったんじゃないでしょうか。

大橋　あの対局のアルファ碁は弱いという評価が多いんですけど、ぼくは結構強いと思っています。間違いなく今のほうが強いですけど、あの当時対局してもセドルさんと結構いい勝負だったかも。

山本　さすがにそれはないんじゃないですか。論文により強くしたって書いてあったし、実際今回セドルさんと対局したバージョンは、もうレーティング４５００に達したそうですよ。数か月で１５００アップって、おそろしい数字ですよ。

加藤　短期間で、どうやってそんなに強くしたんでしょうか。

山本　いろいろなバリエーションが考えられますが、1つは自己対戦の質を上げること。普段学習しているときの自己対戦はおそらく、時間をほとんど使わない脊髄反射みたいな手を打ってると思うんですけど、もっとちゃんと計算してしっかり対局させる。その棋譜を使って学習する。そういうことをしたんじゃないでしょうか。私ならそれをまずやりますね。なにしろグーグルですから、計算リソースは無限レベルにありますし。

大橋　ぜひディープマインド社にはこのまま開発を終わらせないで、アルファ碁くらい強いソフトが常時どこかにいる状態にしてほしいですね。ほかの強いソフトが出てくるのでもいいんですけど。アルファ碁の碁を見て、囲碁の伸びしろはまだまだあると知ることができました。

山本　それは前から知っていたんじゃないの？

大橋　知ってはいたけれど、対局として見せられるまで、具体的にどういうものかがイメージできていなかった。それはぼくだけでなく、ほかの棋士もそうだと思います。どうすればセドルさんに圧勝できるのか、誰もわからなかった。それを見せてくれたんですよね。

山本 将棋だって、まだまだ上がありますからね。囲碁はわかっていない部分も多いし、もっと伸びしろあるでしょう。

世の中でおこなわれている判断のほとんどは、囲碁より簡単だ

加藤 そういえば、先日、将棋倶楽部24（ネット上の将棋対局サイト）に山本さんが開発した将棋プログラム・ポナンザが参戦したんですよね。

山本 そう。2日間だけやったんです。

加藤 あれ、棋譜を見ましたけど、えげつなかったですね。24の猛者たちが、次々にや

られていく。完全に人外レベルの強さになってませんか。驚きました。

山本　結局、69戦やってポナンザが全勝しました。

大橋　すごい！　トッププロでも同じ条件で全勝は無理じゃないかな。

山本　だと思います。人間だと、どんなに強くても1割くらい負けるんじゃないかな、と。将棋って、自分がアマ三段くらいになってからは、本を読んでもあっと驚くような手はなくなってきたんです。なるほど、考えてみたらそうだよね、という手ばかりで。でも、ポナンザは次々と「え、そんな手あるの！」という手を指すんですよね。将棋というゲームにはまだ先があるんだなと思わされます。

加藤　いや、あんな将棋見たことないですよ。一見悪手にも見える強引な手を指して、そこからぐいぐい攻めて、勝つ形にもっていく。人間のレベルをはるかに超えてしまったなと思いました。

大橋　ポナンザって相当ぐいぐい系だよね。将棋はぐいぐい攻めたほうが強いゲームなのかな。囲碁は、今回のアルファ碁を見ても、強くなったからってぐいぐいいくわけじゃなかった。上品だった。

山本　たしかにね。

大橋　それはちょっとうれしかった（笑）。

山本　でもそれは、アルファ碁が追い詰められなかったからかもしれないよ。アルファ碁よりも強いソフトが出てきたら、下品な碁を打つのかも。

大橋　まあね。正直言って、今回セドルさんはアルファ碁にさらっと流されてるからなあ。

加藤　このアルファ碁の勝利は、これからの人工知能の活用にどういう影響があると思いますか？　というのも囲碁って、世の中にある問題の半分くらいよりも、難しい気がするんですけど。つまり、人工知能が人間にかわっていろいろできそうな気がします。

山本　いや、むしろ、人間のやっていることで囲碁より難しいことって何かありましたっけ？（笑）

大橋　え、そんなに囲碁難しい？

山本　難しいよ。私は囲碁より難しいことなんて、思い浮かばない。たとえば、医療のX線の画像診断ってもうだいぶ人工知能がうまくやれるようになってきたんだよね。医者の仕事は人工知能に置き換えられるかもしれない。

加藤　たしかに。政治も人工知能で代替できそうじゃないですか？

山本　国会でなされている判断と囲碁の形勢判断だったら、囲碁のほうが難しいと思う

（笑）。シンガポールでは政治への人工知能導入を本気で検討しているそうですね。まあでも、人工知能は根回しとかできないからなあ。

加藤 あと、人工知能は責任が取れない、というのはありますね。そこは人じゃないと（笑）。

大橋 でもそういう重要な決定に人工知能を使うとしたら、第4局でアルファ碁が見せた間違いのようなリスクをどうするか考えないといけないですよね。だって、5局に1局はそういう間違いが起こるってことは結構な頻度だよ。

山本 それは許容してもいいのでは？　だって、人間はもっと間違いますよ。人間って、人間はしないタイプのミスに厳しいよね。

大橋 そうか。セドルさんに4勝1敗できる棋士はいないもんな。そうかもしれない。

山本　だから私は、運転も人工知能に任せたい派です。事故の危険があるとか言うけど、人間が運転するよりも減るのは間違いない。そういえば、ディープマインドの学習アルゴリズムのＤＱＮは、３Ｄゲームもできるようになったらしいんですよ。

加藤　おお。たしかに３ＤのＦＰＳゲーム（First Person Shooting Game の略。プレイヤーが本人視点でゲームの中の空間を任意に移動でき、戦うアクションゲーム）は、運転よりも難しそう。あれができれば運転とかできますね。きっと。

大橋　本当にＳＦマンガの世界がすぐそこに来ていますね。

山本　いやいや、人間が囲碁でコンピュータに負けるんだよ。もうマンガの世界だよ。

大橋　たしかに（笑）。

山本　人間に残されたのは、言葉と論理しかないんじゃないかな。

加藤　自然言語処理は、人工知能の次のフロンティアですよね。

山本　次どころか、最後のフロンティアだと思います。

加藤　本格的な自然言語処理がコンピュータにできるようになると、インターネット上にある文章から人工知能が勝手に学べるようになりますよね。

大橋　どうしよう、そんなことになっても人類は生き残れるかな。

加藤　人間はとくに何もしないで、ＶＲメガネをかけて仮想世界で遊び続ける、みたいな未来がくるんじゃないですか？（笑）

山本　その世界で無限にアルファ碁先生に碁を教えてもらえるんだよ。楽しいよきっと（笑）。

大橋　シュールな世界だ……。いろいろな物事の決定権が人間からコンピュータに移るんだろうね。それは今もそうなりつつあるか。囲碁でも人間は形を決めたがらないけど、アルファ碁はバシバシ決めてくることがわかりましたもんね（笑）。

山本　いかんせん人工知能は賢いですから。滅ぼすにしても、上手に人類を滅ぼしてくれるはずです。まあ滅ぼすまでは言い過ぎだけど、アルファ碁は本当にすごかった。私はあの5局が終わってからも、しばらく衝撃から抜けられませんでした。この対局は、歴史に残ると思います。将棋や囲碁で負けると、人間にしかないと思われていた知性の部分が人工知能におびやかされると感じるのか、仕事が奪われるなどの悲観論がたくさん出てきますよね。

加藤　人工知能によって代替される仕事、みたいな記事を最近よく見かけます。

山本　でも本来、人工知能は人間の生活を改善し、楽にするために開発されている。病気が早期に見つかったり、簡単に文章が翻訳できたりしたら、すごくいいじゃないですか。たしかに人工知能の圧倒的な性能は時に暴力的にすら感じるけれど、ネガティブな要素をうまくコントロールすれば、きっと社会はよい方向に向かうと思います。

加藤　ですよね。本当におもしろいお話でした。大橋さん、山本さん、本日はありがとうございました。

［著者］
山本一成（やまもと・いっせい）
1985年生まれ。プロ棋士に初めて勝利した現在最強の将棋プログラム「ポナンザ」作者。主要なコンピュータ将棋大会を4連覇中。愛知学院大学特任准教授、東京大学先端科学技術研究センター客員研究員、HEROZ㈱リードエンジニア。本書が初の著書となる。

人工知能はどのようにして「名人」を超えたのか？
――最強の将棋AIポナンザの開発者が教える機械学習・深層学習・強化学習の本質

2017年５月10日　第１刷発行

著　者――――山本一成
発行所――――ダイヤモンド社
〒150-8409　東京都渋谷区神宮前6-12-17
http://www.diamond.co.jp/
電話／03･5778･7236（編集）　03･5778･7240（販売）
装丁――――――寄藤文平＋窪田実莉（文平銀座）
本文デザイン・DTP―川野有佐（ISSHIKI）
校正――――――加藤義廣（小柳商店）、三森由紀子
製作進行――――ダイヤモンド・グラフィック社
印刷――――――加藤文明社
製本――――――ブックアート
編集担当――――横田大樹、上村晃大

ISBN 978-4-478-10254-1